Frank Becker

Argumentieren

Praxisformen des mündlichen Argumentierens

LEKTÜRE- UND ÜBUNGSHEFT

MILITZKE

Die Zeichnungen stammen von Jessica Hahn und von Jule Becker (S. 53 und 64).

Dieses Lektüreheft folgt der reformierten Rechtschreibung und Zeichensetzung. Texte mit * sind aus urheberrechtlichen Gründen davon ausgenommen.

Lektorat: Sina Dietl
Umschlag: Ralf Thielicke (unter Verwendung eines Fotos von knallgrün/photocase)
Satz: Militzke Verlag GmbH
Druck und Binden: Druckerei Wagner Digitaldruck und Medien GmbH, Nossen
ISBN: 978-3-86189-587-9

Militzke Verlag GmbH – www.militzke.de

Die letzte Jahreszahl bezeichnet das Erscheinungsjahr dieser Auflage.
2017 2016 2015

Inhalt

Das bedeuten die Symbole:

Aufgaben

Empfehlung, Hinweis

Originaltexte, Textauszüge bzw. frei nach Quellen wiedergegebene Gedanken

I. Grundregeln vernünftigen Redens

1. Grundformen des Argumentierens

1.1 Linear und dialektisch argumentieren

Grundaufbau einer linearen Argumentation
1. (Behauptung/These) Ich vertrete den Standpunkt, dass ...
2. (Begründung/Argument) weil ...
3. (Beispiel) Beispielsweise ...
4. (Schlussfolgerung) Deshalb ...

Grundaufbau einer dialektischen Argumentation
1. (Behauptung/These) Ich vertrete den Standpunkt, dass ...
2. (Behauptung/Antithese) Sie dagegen behaupten, ...
3. (Zurückweisung der Antithese) Demgegenüber ist aber einzuwenden, ...
4. (Beispiel für die These): Das zeigt sich schon daran, ...
5. (Schlussfolgerung) Deshalb ...

Tokio – Zuerst erpressten sie ihr Opfer. Immer wieder schickten die vier Oberschüler ihrem 18-jährigen Schulkameraden SMS mit Forderungen, umgerechnet Hunderte von Euro herauszurücken. Dann stellten sie ein Nacktfoto ihres Mitschülers ins Internet, samt Namen und der mobilen E-Mail-Adresse des Opfers. Daraufhin bekam der Japaner noch mehr SMS auch von anderen Schülern, die sich über ihn lustig machten. Am Ende sah der 18-Jährige keinen Ausweg mehr und sprang vom Schuldach in den Tod. Dieser Fall ist nicht der einzige in Japan, bei dem Handys für Schikanen unter Schülern missbraucht wurden.

(Lars Nicolaysen: Porno und Gewalt – Japan plant Handyverbot an Schulen. 26.01.2009. URL: http://www.spiegel.de/netzwelt/mobil/0,1518,603477,00.html. Zugriff: 30.08.2011)

Die Nachrichtensendung ist ein Rahmen für Entertainment und nicht für Bildung, Nachdenken oder Besinnung. [...] Der Ausdruck „Und jetzt ..." umfasst das Eingeständnis, dass die von den blitzschnellen elektronischen Medien entworfene Welt keine Ordnung und keine Bedeutung hat und nicht ernst genommen zu werden braucht. Kein Mord ist so brutal, kein Erdbeben so verheerend, kein politischer Fehler so kostspielig, kein Torverhältnis so niederschmetternd, kein Wetterbericht so bedrohlich, dass sie vom Nachrichtensprecher mit seinem „Und jetzt ..." nicht aus unserem Bewusstsein gelöscht werden könnten.

(Neil Postman: Wir amüsieren uns zu Tode. Suhrkamp, Frankfurt 1988, S. 123 f.)

1. *Formulieren Sie Ihren Standpunkt zu einem der Zitate stichwortartig. Orientieren Sie sich dabei am Grundmuster der linearen Argumentation.*
2. *Tragen Sie sich gegenseitig Ihre Argumentationen vor. Diskutieren Sie, welche Standpunkte auf Zustimmung treffen und welche nicht.*
3. *Nehmen Sie aus eigener Sicht Stellung zur Argumentation von Kursteilnehmern, die einen anderen Standpunkt als Sie selbst vertreten. Orientieren Sie sich dabei am Grundmuster der dialektischen Argumentation.*
4. *Diskutieren Sie, aus welchen Gründen Argumentationen eine unterschiedliche Überzeugungskraft haben können. Erstellen Sie anschließend einen Kriterienkatalog, aus dem hervorgeht, was überzeugende Argumentationen kennzeichnet.*

1.2 Deduktiv und induktiv argumentieren

Deduktiv und induktiv argumentieren

Ein Argumentationsgang ist deduktiv (herleitend), wenn die These am Beginn der Argumentation, und induktiv (hinleitend), wenn die These in Form einer Schlussfolgerung am Ende der Argumentation steht.

Deduktive Argumentation:

» Behauptung (These) → Begründung (Argument) → Beispiel /Beleg

Induktive Argumentation:

» Beispiel/Beleg → Behauptung (These) → Begründung

Die Industrie des Hasses produziert Software für Massaker, die harmlose Jugendliche in gewissenlose Massenmörder verwandeln können.

(Frank Schirrmacher, zit. nach Florian Rötzer: Virtuelle Welten – Reale Gewalt. Heise, Hannover 2003, S. 10 f.)

1. *Entwickeln Sie je eine induktive und deduktive Kurzargumentation zur These von Frank Schirrmacher. Gestalten Sie Ihre Argumentation linear, wenn Sie der These Schirrmachers zustimmen und dialektisch, falls Sie der These widersprechen wollen.*

Gewalt auf dem Bildschirm

Vor einiger Zeit stieß ich auf eine Zeichnung eines zwölfjährigen Schülers. Sie stellt einen seiner Lehrer als Schreckbild wie aus einem Horrorfilm dar: mit herausgerissenen Augen, Kopf, Kehle und Brust mehrfach von Messern und Pfeilen durchbohrt, blutend aus Mund und Nase, und weil's noch zu wenig ist, mit einsatzbereiter Galgenschlinge über dem Kopf. Leicht ist man geneigt, dem Fernsehen die Schuld an der Entwicklung antisozialen und aggressiven Verhaltens unserer Kinder und Jugendlichen anzulasten. Doch dieser Schluss wäre zu einfach und auch falsch! Ein Blick in die Medienwirkungsforschung zeigt eine vielschichtige Problematik, die nicht mit einer einseitigen Schuldzuweisung erklärt werden kann. Ob und wie Gewalt aus dem Fernsehen antisoziales und aggressives Verhalten von Kindern oder Jugendlichen fördert, hängt nämlich in hohem Ausmaß noch von vielen anderen Faktoren ab. Beispielsweise davon,

» ob ein Kind in einem gewalttätigen Umfeld aufwächst,
» ob Kinder alleine fernsehen „müssen" oder die Möglichkeit haben, gewalttätige oder angsterzeugende Filminhalte mit einem anwesenden Ansprechpartner, z. B. Mutter, Vater, Geschwister, Freunde usw. aufzuarbeiten,
» ob und wie stark sich ein Kind oder Jugendlicher mit einem gewalttätigen Filmvorbild identifiziert,

» ob für Kinder das Nachahmen ihrer filmischen Vorbilder attraktiv ist,
» ob die dargestellte Gewalt „leicht“ nachvollziehbar ist.

Ich wage allerdings zu behaupten, dass unsere Gesellschaft viel zu oft diese ungünstige Faktorenkonstellation provoziert, sodass die Voraussetzung für eine aggressionsverstärkende Wirkung beziehungsweise eine Vorbildwirkung gewalttätiger Filme viel zu oft gegeben ist. Medienberichte über schreckliche Gewalttaten von Kindern und Jugendlichen nach eindeutig filmischem Vorbild und die deutlich gestiegene verbale und tätliche Gewalt in erkennbarer Filmnachahmung in Kindergärten, auf Spielplätzen, in Schulen und Jugendgruppen scheinen mir recht zu geben.

(Nach Helmar Oberlechner: Gewalt auf dem Bildschirm. In: Medienimpulse 18/1996, S. 61–63)

Vom Schlechten des Guten

Wenn wir zu allen Stunden grausige Geschehnisse mitansehen und mitanhören müssen, so verlieren wir schließlich, selbst die von Natur Zartesten unter uns, durch die ständige Folge der quälenden Eindrücke, jegliches Empfinden für Menschlichkeit.

(Marcus Tullius Cicero, zit. nach Paul Watzlawick: Vom Schlechten des Guten oder Hekates Lösungen. Piper, München 1994, S. 39)

1. *Markieren Sie in unterschiedlichen Farben die zentrale These von Oberlechners Argumentation sowie seine Begründungen und Beispiele.*
2. *Visualisieren Sie die Abfolge von Behauptungen, Begründungen und Beispielen und klären Sie, ob die Argumentation induktiv oder deduktiv angelegt ist.*
3. *Nehmen Sie in schriftlicher Form Stellung zur Position Oberlechners. Beziehen Sie dabei das Zitat Ciceros mit ein. Planen Sie Ihre Argumentation, indem Sie vorab die Abfolge Ihrer Behauptungen, Begründungen und Beispiele in Form eines Schaubildes visualisieren.*

1.3 Sachlich und überzeugend argumentieren

Die Argumentation
Oft werden unsere Auffassungen von oder über eine Sache von anderen nicht geteilt. Immer dann, wenn eigene Äußerungen problematisiert werden oder wir Äußerungen anderer Menschen kritisieren, müssen wir mithilfe einer Argumentation den Wahrheitsgehalt oder die Überzeugungskraft der geäußerten Meinungen überprüfen und/ oder verdeutlichen.
Behauptungen (Thesen) und Begründungen (Argumente) stellen dabei das Grundgerüst jeder Argumentation dar und werden sprachlich in der Regel durch eine kausale Konjunktion miteinander verknüpft:

These	Konjunktion	Argument
A gilt,	*weil*	*B gilt.*

Argumentieren
Ein Argument (lat.: *argumentum*, Beweisgrund, Beweismittel) ist eine Aussage, die zur Begründung oder Widerlegung einer strittigen Behauptung gebraucht wird. Dabei macht man gewöhnlich Äußerungen, die Sprechhandlungen wie die folgenden darstellen: Vermutungen aufstellen, Feststellungen treffen, Erklärungen abgeben, Beurteilungen vornehmen, Empfehlungen aussprechen etc.
Mit Argumenten wollen wir andere Menschen von der Richtigkeit oder Falschheit einer Behauptung überzeugen oder sie zu einer Entscheidung bewegen. Die Kenntnis der Argumente und Gegenargumente zu einer strittigen Frage ist wichtig, um sich ein eigenes differenziertes Urteil bilden zu können, das die Grundlage dafür ist, um sich in mündlicher oder schriftlicher Form in der Sache angemessen zu Wort melden zu können. Aus diesem Grund setzt die Entwicklung einer Argumentation – also die Verknüpfung von Argumenten zum Zwecke der Verteidigung oder Kritik einer These – voraus, dass man sich zuvor über das in Frage Stehende informiert, also Beobachtungen und Daten darüber sammelt und hierauf die eigene Meinungsbildung gründet.
Argumente sind die wesentlichen Mittel der Diskussion und des Dialoges, im Alltag wie in der Wissenschaft. Am Ende jeder argumentativen Auseinandersetzung, jeder Diskussion (lat.: *discutere*, wegräumen) oder schriftlichen Erörterung steht entweder die eindeutige Klärung eines Problems oder Sachverhaltes – oder der Dissens, also die Erkenntnis, dass verschiedene Meinungen bestehen.

Eine Argumentation zielt auf die Wahrheit in der Sache und auf die Überzeugung anderer. Deswegen beruhen Argumentationen nicht nur auf einsichtigen Argumenten, sondern sie bedienen sich zugleich wirksamer rhetorischer Mittel.

1. *Entwickeln Sie ein Cluster, um sichtbar zu machen, aus welchen Gründen Menschen argumentieren, welche Ziele sie mit ihren Argumentationen verfolgen und welche Formen Argumentationen annehmen können. Nutzen Sie auch Aussagen des voranstehenden Textes und beziehen Sie eigene Gedanken mit ein.*

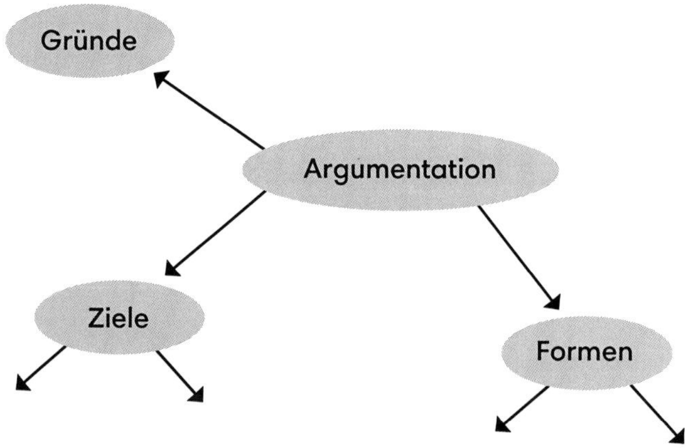

2. *Verfassen Sie eine kurze Argumentation (drei bis fünf Sätze) zu der Behauptung, Computerspiele wie „Counter Strike" würden die Gewaltbereitschaft von Jugendlichen fördern. Konzipieren Sie Ihre Argumentation entweder als Gesprächsbeitrag im Rahmen einer Unterhaltung während des gemeinsamen Abendessens Ihrer Familie, in Form eines Artikels für die Schülerzeitung oder als Statement für eine TV-Talkshow.*
3. *Vergleichen Sie Ihre Ausarbeitungen und diskutieren Sie die Überzeugungskraft der von Ihnen gewählten Argumente und Beispiele sowie die Frage, ob und inwieweit es Ihnen jeweils gelungen ist, Ihr Publikum zu erreichen.*
4. *Diskutieren Sie, ob es Konflikte geben kann zwischen dem Ansinnen, einen Sachverhalt aufzuklären und dem Ziel, das Lesepublikum beziehungsweise die Gesprächspartner zu überzeugen.*

2. Grundaufbau einer Argumentation

2.1 Thesen, Argumente und Beispiele

Die Kernelemente einer Argumentation

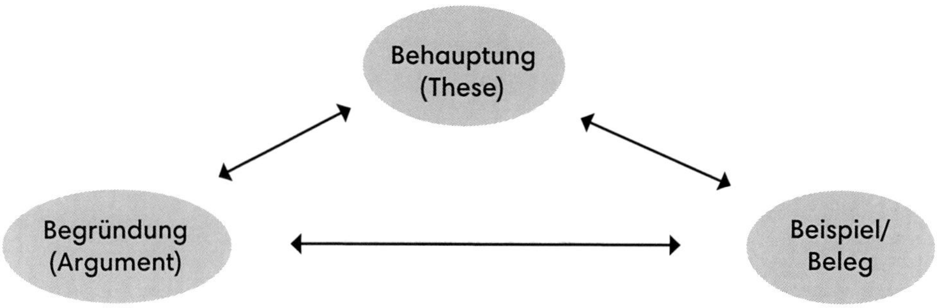

Für Datenschützer sind diese Netzwerke ein Horrorszenario, und gerade durch Pannen beim Datenschutz haben sie einen schlechten Ruf bekommen. Nutzer geben hier ohne Umschweife Daten wie ihren echten Namen oder ihr echtes Geburtsdatum an, Ralf K. ist da kein Einzelfall.

(Sandra Müller: StudiVZ und Co. Daten außer Kontrolle. In: Stiftung Warentest, H. 8/2008, S. 38f.)

Für fast alle Arbeiten an den höheren Schulen - und sicher für alle Arbeiten an den Grundschulen - ist die Suche nach Material im Internet nicht nur unnötig, sondern schadet sogar. Lernen kann nicht durch Surfen im Internet ersetzt werden, zum Lernen gehört es, Fakten zu verstehen, sich auf Geschichten einzulassen und die Welt zu interpretieren.

(Clifford Stoll: LogOut. Warum Computer nichts im Klassenzimmer zu suchen haben. Fischer, Frankfurt 2002, S. 21–33)

Die wichtigste Erfindung seit dem Buchdruck schafft nicht nur eine universale Zeit in einem universalen Raum, in dem sich jeder ausbreiten kann. Das WWW ist auch maßgeblich für die Infantilisierung und Idiotisierung der Öffentlichkeit verantwortlich.

(Der Tagesspiegel: Kommentare zum Artikel „Das Internet macht doof". 9.1.2007. URL: http://www.tagesspiegel.de/meinung/kommentare/das-internet-macht-doof/796288.html. Zugriff: 30.8.2011)

Der Stil der Massenmedien

Die unerschöpfliche „Ordnungskapazität" der Massenmedien gründet in ihrem additiven „Stil". Nur weil sie sich auf dem Nullpunkt gedanklicher Durchdringung festgesetzt haben, können sie alles geben und alles sagen, und dies wiederum alles auf einmal. Sie haben nur ein einziges intelligibles Element: das „Und". Mit diesem „Und" lässt sich buchstäblich alles zu Nachbarn machen. So entstehen Ketten und Nachbarschaften, von denen sich kein Rationalist und kein Ästhet etwas träumen ließen: Sparbeschlüsse - und - Uraufführungen - Motorradweltmeisterschaften - und - Dirnensteuer - und Staatsstreiche [...]. Die Medien können alles geben, weil sie den Ehrgeiz der Philosophie, das Gegebene auch zu verstehen, restlos haben fallenlassen. Sie umfassen alles, weil sie nichts erfassen; sie bringen alles zur Sprache und sagen über alles nichts.

(Peter Sloterdijk: Kritik der zynischen Vernunft. Bd. 2, Suhrkamp, Frankfurt 2003, S. 571)

1. *Bei welchen Äußerungen handelt es sich um vollständige Argumentationen (Behauptung, Begründung, Beispiel)?*
2. *Verbessern Sie die Äußerung mit der geringsten Überzeugungskraft, indem Sie diese umformulieren und gegebenenfalls ergänzen.*
3. *„Lesen bildet" – Formulieren Sie ein eigenes Statement zu dieser These. Achten Sie dabei auf die Vollständigkeit Ihrer Argumentation.*
4. *Variieren Sie Ihr Statement, indem Sie die Reihenfolge von Behauptung, Begründung und Beispiel beziehungsweise Beleg variieren.*
5. *Unterstreichen Sie im Text von Sloterdijk mit unterschiedlichen Farben die Thesen, Argumente und Beispiele.*
6. *Übertragen Sie diese in eigenen Worten in stichwortartiger Form in eine Tabelle.*

Die Argumentation eines Textes erfassen		
Thesen	Argumente	Beispiele und Belege
...	...	...

7. *Legen Sie in einem fiktiven Brief die Gedanken Sloterdijks dar und kommentieren Sie diese aus eigener Sicht. Nehmen Sie dabei ausschließlich Bezug auf die Thesen, Argumente und Beispiele Sloterdijks.*

2.2 Thesen voneinander unterscheiden

Unter einer *These* (griech.: *thésis*, Satz, Vorschlag, Behauptung) versteht man eine zu beweisende Behauptung.

Thesen unterscheiden sich voneinander dahingehend, dass sie entweder eine

» *Tatsachenbehauptung* („Die Boulevardisierung des Fernsehens nimmt beständig zu."),
» ein *Werturteil* („Die Boulevardisierung des Fernsehens ist zu verurteilen.") oder
» eine *Forderung* („Der Boulevardisierung gilt es Einhalt zu gebieten.") zum Ausdruck bringen.

+++ Deutsche werden immer dümmer +++

Zahme Xenien
Dummes Zeug kann man viel reden,
kann es auch schreiben,
wird weder Leib noch Seele töten,
es wird alles beim alten bleiben.
Dummes aber, vors Auge gestellt,
hat ein magisches Recht;
weil es die Sinne gefesselt hält,
bleibt der Geist ein Knecht.

(Johann Wolfgang von Goethe: Zahme Xenien. In: Poetische Werke. Erster Band, Aufbau, Berlin 1960, S. 653 f.)

1. *Formulieren Sie je eine Tatsachenbehauptung, ein Werturteil und eine Forderung die Boulevard-Presse betreffend.*
2. *Legen Sie in Form einer kurzen Argumentation dar, ob Goethes „Zahme Xenien" heutzutage auch als ironischer Kommentar über die Boulevardisierung der Medien verstanden werden kann.*

Studie belegt Boulevardisierung von Nachrichten

Themen der Nachrichten im Fernsehen werden immer weniger nach journalistischen Kriterien und immer mehr nach Kundenwünschen ausgewählt. Das ergab eine Studie der Universität Jena. Fernsehnachrichten entwickeln sich, so der Kommunikationswissenschaftler Georg Ruhrmann, der die Studien durchführte, zunehmend

zu einer Dienstleistung. Die Auswahl der Nachrichten orientiere sich nicht mehr ausschließlich an journalistischen Aktualitätskriterien, sondern auch an Kundennachfrage und -zufriedenheit. Die *Serviceorientierung* spiele eine immer größere Rolle. Damit nehme auch die Boulevardisierung der Nachrichtenthemen zu. Schon frühere Untersuchungen hätten gezeigt, dass die TV-Nachrichten vor allem der Privatsender unpolitischer werden und die Sender verstärkt Geschichten mit menschlicher Note und Angstthemen bringen. Katastrophen und Kriminalität verdrängten Innen- und Außenpolitik. Die Nachrichtenfaktoren Personalisierung, Kontroverse und Aggression nehmen nach Ansicht der befragten Journalisten zu.
Zudem hätten selbst wichtige Nachrichten ohne Bilder immer weniger Chancen auf einen Platz in den Nachrichtensendungen. Neuigkeit und Relevanz zählten nur noch, wenn Bilder vorhanden seien. Wer zuerst das passende Bildmaterial besitze, habe gewonnen.
Die Themenkarriere von Eisbär Knut zum Beispiel beweise, dass in zentralen Nachrichtenredaktionen eine Umkehr der Wichtigkeiten festzustellen sei. Der „Info-Monitor", der täglich die Hauptnachrichtensendungen von ARD, ZDF, RTL und Sat.1 auswertet, zeige, dass es der Eisbär in RTL-Aktuell auf Rang 3 der Topthemen geschafft habe, bei den Sat.1-News sogar auf Platz 2. Bei ARD und ZDF fand sich das Thema nicht unter den Top 20.
Nicht unerwähnt bleiben soll, dass es ein Verkehrsunfall von Ex-RTL-Star Daniel Küblböck bis in die ARD-Tagesschau fand.

(Frei nach DPA-Meldung: Studie belegt Boulevardisierung von Nachrichten. 11.5.2007. URL: http://www.netzeitung.de/medien/645194.html. Zugriff: 30.11.2011)

1. *Visualisieren Sie die Grundthese und die zugehörigen Argumente und Beispiele des Textes auf geeignete Art und Weise.*
2. *Diskutieren und begründen Sie, ob die geäußerte Grundthese eine Tatsachenbehauptung, ein Werturteil oder eine Forderung zum Ausdruck bringt.*
3. *Formulieren Sie je drei positive und negative Thesen in Form von Tatsachen, Werturteilen und Forderungen im Zusammenhang mit der Frage nach der Boulevardisierung der Medien.*
4. *Äußern Sie sich in Form eines kurzen Nachrichtentextes, eines Kommentars beziehungsweise eines Flugblattes zur Frage, ob die Lektüre von Boulevardzeitungen fester Bestandteil des Unterrichts an Ihrer Schule werden soll oder nicht.*

Hintergrund

Zur Boulevardpresse, umgangssprachlich „Klatsch-" oder „Regenbogenpresse" (englisch: Yellow Press) gehören sowohl Zeitungen, die täglich erscheinen und vorwiegend auf der Straße – dem „Boulevard" – verkauft werden als auch solche, die im Abonnement erhältlich sind und wöchentlich oder 14-täglich erscheinen. In Boulevardzeitungen werden vor allem Themen behandelt, die Emotionen ansprechen. Nachrichten mit deutlich sachbetontem Gegenstand werden personifiziert oder weniger bedeutsame emotionale Komponenten werden der Kernaussage zugeordnet. Besondere Beachtung findet die Polizei- und Gerichtsberichterstattung. Neben den „Sensations-Themen" wird in nahezu allen Boulevardzeitungen der Sport sowie die Berichterstattung über Prominente als wichtig angesehen.

2.3 Argumente voneinander unterscheiden

Thesen werden mithilfe von Argumenten begründet. Argumente lassen sich unterscheiden:

» *Faktenargument*
  Berufung auf nachprüfbare Tatsachen, Forschungsergebnisse, überprüfbare Beobachtungen
» *Autoritätsargument*
  Berufung auf Expertenaussagen, Expertenurteile
» *Normatives Argument*
  Berufung auf allgemein anerkannte Wertvorstellungen, Gesetze
» *Evidenzargument*
  Berufung auf eigene Erfahrung, die nachvollziehbar und einleuchtend sind
» *Analogieargument*
  Berufung auf gleichartige Sachlagen, die übertragen werden
» *Logikargument*
  Berufung auf allgemeine Denkgrundsätze

DSDS: weder die Zuschauer noch die Kandidaten lernen dazu

Jedes Jahr folgt bei DSDS der gleiche Unsinn: herabsetzende, markige Sprüche von Dieter Bohlen gegenüber talentfreien Bewerbern in den Vorcastings, Recalls, Mottoshows und schließlich wird einer der zehn letzten Kandidaten Deutschlands neuer Superstar. Die Show läuft stets nach dem gleichen Prinzip ab, genauso verhält es sich mit der Halbwertszeit des späteren Superstars. Obwohl für jedermann erkennbar ist, dass der Superstar nach wenigen Monaten nach anfänglichem Hype um seine Person wieder in der Versenkung verschwindet und es bisher nicht einem einzigen DSDS-Superstar gelungen ist, dauerhaft in der Musikszene Fuß zu fassen, so werden es dennoch jedes Jahr mehr junge Menschen zwischen 16 und 30 Jahren, die vor Bohlen und seinen Jury-Kollegen ihr Gesangstalent darbieten – auch auf die Gefahr hin, dass sie vor laufenden Kameras verbal abgebügelt werden und allerhöchstens als Belusti-

gung für die Zuschauer dienen – egal, ob durch Styling, schlechtes Englisch, mangelndes Gesangstalent oder prolliges Auftreten, bei dem deutlich wird, dass sie noch nicht mal einen vernünftigen, gesprochenen Satz auf die Kette bekommen. Auch wenn die Empörung über die öffentliche Bloßstellung eines Kandidaten verständlicherweise hoch ist und mittlerweile jeder wissen sollte, dass DSDS kein Karrieresprungbrett für junge Talente ist, wären die Programmverantwortlichen von RTL dumm, wenn sie das Format trotz etwaiger Proteste absetzen würden. Schließlich erfreuen sich pro Folge zwischen 4 und 13 Millionen Zuschauern an der Bloßstellung von talentfreien Kandidaten, Zickenkrieg zwischen den Kandidaten hinter den Kulissen und der Verheizung von jungen Leuten, die kurzfristig den Ruf eines Superstars genießen dürfen. Solange mehrere Millionen Zuschauer sich DSDS wöchentlich ansehen und viele tausend junge Menschen sich auf den Weg zum Casting machen, um einmal berühmt zu sein, wird das Format auch erhalten bleiben.

(Alexandra Döll: DSDS 2010: Kritik an Dieter Bohlens Umgangston. 11.01.2010. URL: http://www.suite101.de/content/dsds-2010-kritik-an-dieter-bohlens-umgangston-a6768. Zugriff: 30.08.2011)

1. *Der Verfasser des Textes lässt keinen Zweifel an seiner Einstellung gegenüber Casting-Shows. Untersuchen Sie die Struktur der Argumente. Diskutieren Sie, bei welchen Argumenten es sich um Fakten- beziehungsweise um normative Argumente handelt.*
2. *Erörtern Sie, welche Wertvorstellungen den Werturteilen des Autors zugrunde liegen könnten und setzen Sie sich mit diesen auseinander.*
3. *Äußern Sie sich zur Argumentation des Autors in der Form eines Blogbeitrags (siehe S. 28f.).*

„Deutschland sucht den Superstar" verstößt gegen Jugendschutzbestimmungen

Die erste „Casting"-Folge der neuen Staffel von „Deutschland sucht den Superstar" (RTL-Tagesprogramm, 9. Januar 2010) verstößt gegen die Bestimmungen des Jugendmedienschutz-Staatsvertrags. Es liegt eine Entwicklungsbeeinträchtigung für Kinder unter zwölf Jahren vor. Zu diesem Ergebnis kam die Kommission für Jugendmedienschutz (KJM) in ihrer gestrigen Sitzung in München. Neben dem herabwertenden Verhalten der Jury problematisierte die KJM vor allem die redaktionelle Gestaltung durch RTL, die die Kandidaten gezielt lächerlich macht und dem Spott eines Millionenpublikums aussetzt.

Besonders deutlich wurde das in dieser Folge in der Szene um einen Kandidaten, der mit einem Fleck auf der Hose gezeigt wurde. RTL erweckte in der Inszenierung den Eindruck, der Kandidat könne seine Körperfunktionen nicht kontrollieren. Dies wurde ausführlich thematisiert, mehrfach gezeigt und mittels verschiedenen Inszenierungstechniken lächerlich gemacht.

(Pressemitteilung KJM: „Deutschland sucht den Superstar" verstößt erneut gegen Jugendschutzbestimmungen. 21.1.2010. URL: http://www.kjm-online.de/de/pub/aktuelles/pressemitteilungen/pressemitteilungen_2010/pm_032010.cfm. Zugriff: 30.08.2011)

4. *Fassen Sie die Argumente zusammen, auf die die Kommission für Jugendmedienschutz ihre Ablehnung der Folge von „DSDS" stützt, indem Sie die Argumente im Text unterstreichen und anschließend in eigenen Worten präzise, aber knapp formulieren.*
5. *Auf welche Beispiele aus der Sendung stützt die Kommission Ihre Argumentation? Unterstreichen Sie diese in einer anderen Farbe und diskutieren Sie, ob diese Beispiele geeignet sind, die Argumente zu stützen.*
6. *Vergleichen Sie die Argumente der Texte „DSDS: weder die Zuschauer noch die Kandidaten lernen dazu" mit den Argumenten der Kommission für Jugendmedienschutz, indem Sie alle Argumente in einer Tabelle den einzelnen Argumenttypen zuordnen.*
7. *Erstellen Sie in Gruppenarbeit eine Rangliste der drei überzeugungskräftigsten Argumente. Versuchen Sie anschließend, sich im Plenum auf eine gemeinsame Liste zu einigen.*

3. Grundtechniken des Argumentierens

3.1 Argumente finden

Vorwissen aktivieren und Gedanken ordnen
Bei der Suche nach Argumenten sollten Sie zunächst Ihr Vorwissen aktivieren und Ideen entwickeln. Ordnen Sie dann gezielt Ihre Gedanken.
Fertigen Sie eine Stichwortliste an, wenn Sie alleine auf Ideensuche gehen.
Mithilfe eines Brainstormings (Ideenfindung) sammeln Sie in Gruppenarbeit ungeordnet Ideen zu einem Thema.

Gedanken miteinander verbinden
Mithilfe eines Clusters verbinden Sie zusammengehörende Ideen miteinander.

Das Internet hat kein Gewissen. Es ist eine Datenbank. Das Internet ist nicht menschlich [...]. Im Internet sind wir alle leblose Puppen, synthetische Produkte.

(Franz Josef Wagner: Post von Wagner. Liebes Internet. 23.11.2006. URL: http://www.bild.de/BTO/news/standards/post-von-wagner/2006/11/23/wagner.html. Zugriff: 30.8.2011)

Viele Menschen geben im Internet Informationen von sich preis, die peinlich bis schädlich wirken können. Das Problem: Alle lesen mit – wahre Freunde und falsche, gebetene und ungebetene.

(Sandra Müller: StudiVZ und Co. Daten außer Kontrolle. In: Stiftung Warentest. H. 8/2008, S. 38 f.)

1. *Nehmen Sie affirmativ (bejahend) oder kritisch (verneinend) Stellung zur These von Franz Josef Wagner, indem Sie für Ihren Standpunkt nach Argumenten suchen. Erstellen Sie eine Stichwortliste und schreiben Sie Ihre Einfälle spontan und ungeordnet auf.*
2. *Führen Sie ein Brainstorming zur Aussage aus der Publikation der Stiftung Warentest durch. Beachten Sie die folgenden Regeln:*
   a. *Jedes Gruppenmitglied darf seine Gedanken frei äußern.*
   b. *Die Ideen von anderen dürfen nicht kritisiert werden.*
   c. *Jede Idee wird aufgeschrieben.*
   d. *Beschränken Sie das Brainstorming auf maximal acht Minuten.*

Für Stichwortliste, Brainstorming und Clustering verwenden Sie immer ein ganzes Blatt.

3. *Tauschen Sie sich über die Vor- und Nachteile der Erstellung einer Stichwortliste beziehungsweise der Durchführung eines Brainstormings aus: Mit welchen Vorzügen und Schwierigkeiten sind diese beiden Methoden verbunden? Welche alternativen Formen der Ideenfindung sind Ihnen bekannt und inwiefern sind diese nützlich?*
4. *Bereiten Sie einen Leserbrief an Franz Josef Wagner beziehungsweise an die Stiftung Warentest vor, indem Sie auf der Grundlage Ihrer Stichwortliste oder Ihres Brainstormings einen Cluster erstellen. Halten Sie sich dabei an die folgende Vorgehensweise:*
   a. *Beginnen Sie mit dem Cluster-Kern und schreiben Sie die Grundaussage Ihres geplanten Briefes in die Mitte eines großen Blattes und umkreisen Sie diese.*
   b. *Notieren Sie stichwortartig Ihre Gedanken zu Ihrer geplanten Grundaussage.*
   c. *Umkreisen Sie anschließend jeden einzelnen Ihrer Gedanken und verbinden sie diese entweder mit dem Clusterkern zu einem Clusterast und/oder untereinander zu einem Clusterzweig – je nachdem, wie es Ihnen am sinnvollsten erscheint.*

3.2 Argumente bewerten

Argumente bewerten und den eigenen Standpunkt bestimmen
Die Bewertung von Argumenten spielt sowohl für die Gewinnung des eigenen Standpunktes wie auch für die Beurteilung des Standpunktes anderer Diskutanten eine wichtige Rolle. Aus diesem Grund sollte erst nach einer gründlichen Prüfung der zur Verfügung stehenden Pro- und Contra-Argumente der eigene Standpunkt formuliert beziehungsweise der Standpunkt anderer beurteilt werden. Die Prüfung von Argumenten besteht dabei zunächst darin, sich der Vollständigkeit der relevanten Argumente zu versichern sowie nicht sach- oder problemgerechte Argumente als solche zu erkennen und entsprechend zu kennzeichnen. Im Hinblick auf den Aufbau der eigenen Argumentation ist es wichtig, die Stärke der Argumente zu gewichten, um auf dieser Basis zu einem begründeten Urteil zu kommen sowie eine geschickte Argumentationsstrategie entwickeln zu können.

Argumente mit der „Plus-Minus-Methode" bewerten
1. Legen Sie eine Tabelle nach dem Muster von S. 21 an:
2. Formulieren Sie sach- und problemgerechte Argumente und ordnen Sie sie der These beziehungsweise der Gegenthese zu.
3. Bewerten Sie die Qualität der Argumente (schwach-gut-sehr gut) und streichen Sie unbrauchbare Argumente.
4. Formulieren Sie Ihren Standpunkt und ordnen Sie Ihre Argumentation.

---

1. *Sendungen wie „DSDS" oder „Ich bin ein Star – Holt mich hier raus!" sind zunehmend in das Blickfeld von Medienkritikern geraten. Den Sendeanstalten wird der Vorwurf gemacht, Kandidaten öffentlich zur Schau zu stellen und die Grenzen des guten Geschmacks zu übertreten. Erörtern Sie, ob solche Sendeformate verboten werden sollten, indem Sie mit Hilfe einer Tabelle*
   a. *die These und die Gegenthese mit eigenen Worten und in einem ganzen Satz möglichst pointiert formulieren.*
   b. *unparteiisch Argumente und Beispiele sammeln, die für die These bzw. die Gegenthese sprechen.*
   c. *Ihre bisherige Vorarbeit in Kleingruppen diskutieren, die individuell gesammelten Argumente bewerten und Ihren eigenen Standpunkt in jeweils einem Satz formulieren. Bringen Sie in einem kausalen Nebensatz das wichtigste Argument für Ihren Standpunkt zum Ausdruck.*
2. *Verfassen Sie einen Leserbrief, in dem Sie Ihren Standpunkt und Ihre Argumentation verdeutlichen. Gehen Sie dabei auch auf mögliche Argumente der Gegenseite ein und versuchen Sie diese zu entkräften.*

These		Gegenthese	
Argument	Bewertung	Argument	Bewertung
Mein Standpunkt			

3.3 Argumente linear gliedern

Wenn Sie eine These mit Argumenten erhärten wollen, haben Sie grundsätzlich drei Möglichkeiten der Gliederung der Argumente:

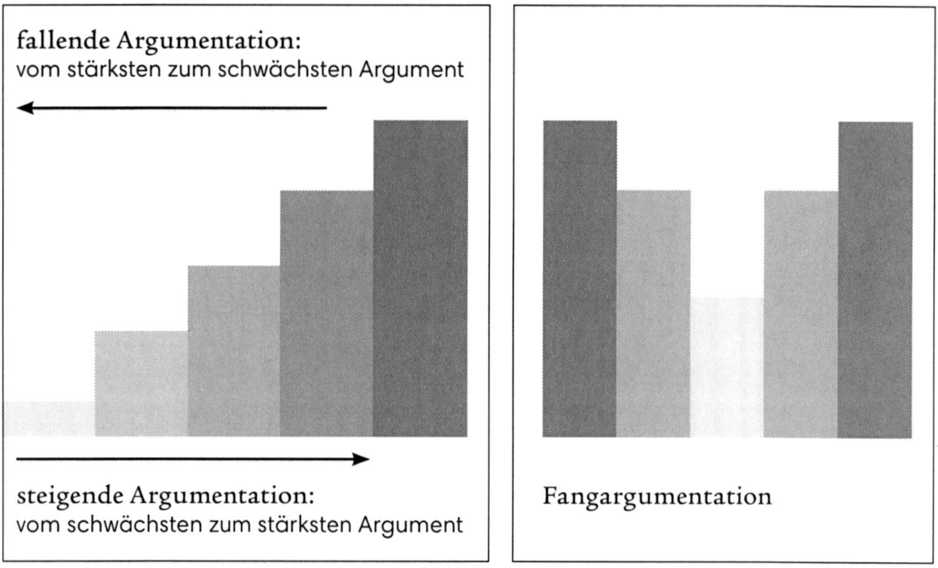

Die Wirkung von Gewalt in Computerspielen
Mit den Computerspielen ist in den letzten Jahren ein weiteres Medium auf den Plan getreten, dessen violente Inhalte Anlass zur Besorgnis geben und dessen Charakteristika (v. a. Interaktivität, aber auch Art der dargestellten Gewalt) noch stärkere negative Auswirkungen als beim Fernsehen befürchten lassen. Die bisherige Forschung hat zwar Hinweise auf negative Wirkungen im Bereich von Kognitionen, Emotionen und Verhalten erbracht, die Forschungslage ist bislang allerdings – nicht zuletzt aufgrund einer mangelnden Anpassung des Forschungsdesigns an die Besonderheiten von Computerspielen – in der Anlage der Studien noch zu heterogen, in ihren Befunden zu widersprüchlich und insgesamt mit zu vielen methodischen Mängeln behaftet, um zu eindeutigen Aussagen zu gelangen. Feststehen dürfte lediglich, dass wie bei der Fernsehgewaltforschung diverse Einflussfaktoren berücksichtigt werden müssen und eine Konzentration der Forschung auf Problemgruppen sinnvoll erscheint. Eine besondere Problematik besteht in der schnellen Veränderung der Computerspiele sowohl in technischer als auch in inhaltlicher Hinsicht, die die Übertragbarkeit der Befunde früherer Studien auf heutige Verhältnisse einschränkt.

(BFSFJ (Hg.): Medien und Gewalt. Befunde seit 1998. 2004. URL: http://www.bmfsfj.de/RedaktionBMFSFJ/Abteilung5/Pdf-Anlagen/medien-und-gewalt-lang,property=pdf,bereich=bmfsfj,sprache=de,rwb=true.pdf. Zugriff: 30.8.2011)

1. *Fördern Computerspiele die Gewaltbereitschaft? Diskutieren Sie diese Frage ca. zehn Minuten im Plenum, indem Sie die Argumente des Textes erörtern.*
2. *Nehmen Sie an, Sie müssten eine Glosse, also einen pointierten Meinungsbeitrag, für die Familienseite der örtliche Tageszeitung verfassen, in der Sie sich mit der Frage auseinandersetzen, ob sogenannte „Baller-Spiele" grundsätzlich verboten werden sollten. Sammeln Sie für diesen Zweck Argumente, die für Ihren Standpunkt sprechen.*
3. *Gliedern Sie die gesammelten Argumente nach unterschiedlichen Gesichtspunkten:*
   a. *vom schwächsten zum stärksten Argument*
   b. *vom naheliegenden zum entfernteren Argument*
   c. *vom Einzelnen zum Allgemeinen*
   d. *vom weniger Wichtigen zum Wichtigen, ...*
4. *Diskutieren Sie mit Blick auf die Intention Ihres Artikels und Ihr Lesepublikum die Stärken und Schwächen Ihrer jeweiligen Gliederungen.*
5. *Verfassen Sie anschließend Ihre Glossen und vergleichen Sie Ihre Arbeitsergebnisse.*
6. *Verfassen Sie als Reaktion auf Ihre Glossen Leserbriefe. Probieren Sie die unterschiedlichen Gliederungsmöglichkeiten aus:*
   a. *steigende Gliederung (vom schwächsten zum stärksten Argument)*
   b. *fallende Gliederung (vom stärksten zum schwächsten Argument)*
   c. *Fangargumentation*

   Diskutieren Sie auch hier die Vor- und Nachteile.

3.4 Argumente dialektisch gliedern

Wenn Sie im Rahmen Ihrer Argumentation sowohl die Pro- als auch die Contra-Argumente zu einer These erörtern wollen, bieten sich die folgenden Gliederungsmöglichkeiten an:

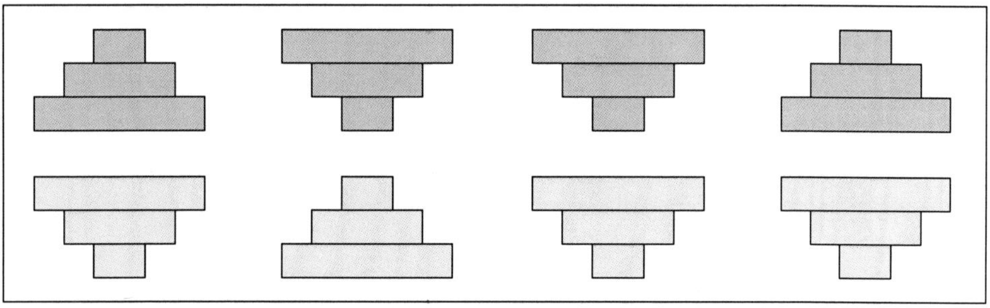

Ist Fernsehen gut für Kinder?
Die bloße Menge an Zeit, die junge Menschen mit der Mediennutzung verbringen – durchschnittlich 6 ½ Stunden am Tag – macht deutlich, dass man das Potenzial der Medien, sich auf praktisch jeden Aspekt des Lebens junger Menschen auszuwirken, nicht mehr ignorieren kann.

(Victoria Rideout et al.: Generation M. Media in the Lives of 8- to18-Year-Olds, The Kaiser Family Foundation 2005)

Der Einfluss der Medien auf Kinder ist, seit das Fernsehen in den 50er Jahren weite Verbreitung fand, eines der vorrangigen Themen öffentlicher Debatten. Victoria Rideout u. a. schrieben dazu: „Ohne Frage, die junge Generation ist wirklich die Mediengeneration, widmet sie doch durchschnittlich mehr als ein Viertel jedes Tages den Medien. So, wie sich die Medienabspielgeräte immer leichter mitnehmen lassen und wie sie immer weiter in die Lebensbereiche junger Menschen vordringen, so werden Medienbotschaften immer allgegenwärtiger. Alles, was derart viel Raum im Leben junger Menschen einnimmt, verdient unsere volle Aufmerksamkeit." An diesen scheinbar neutralen Aussagen hängt eine ganze Menge Ballast. Grundsätzlich werden die Medien nicht in einem neutralen Licht betrachtet, sondern als problematisch angesehen. Den Medien wird die Schuld an Fettleibigkeit, gewalttätigem und asozialem Verhalten, schlechten Schulleistungen und vielem mehr zugeschoben. Vor allem das Fernsehen, ein passives Medium, das zum „Sichzurücklehnen" einlädt und zu dem praktisch jedes Kind in der entwickelten Welt von Geburt an Zugang hat, ist häufig Zielscheibe der Kritik. [...]
Dafür, dass Fernsehen für Kinder in irgendeiner Weise schädlich sei, gibt es heute nicht mehr Hinweise als früher. [...] In seinem Forschungsüberblick zu Forschungsarbeiten zu den Effekten von Werbung kam Jeffrey Goldstein 1998 zu folgendem Schluss: „Es

gibt keine überzeugenden Belege dafür, dass Werbung die Werte von Kindern, ihr Verhältnis zu den Dingen, ihre Essgewohnheiten, den Tabak- und Alkoholkonsum, Geschlechterrollen, ethnische Stereotype, Gewalt oder Sozialisation beeinflusst oder dass sie überhaupt irgendwelche langfristigen Effekte hat.“ [...]
Kein Zweifel, die Medien haben einen Einfluss auf das, was wir wissen und wie wir über die Welt denken, und es mag sein, dass sie unsere Haltungen und Annahmen beeinflussen. [...] Aber wer soll darüber befinden, was gut oder schlecht ist? Und auf welcher Grundlage? [...]

(Wendy Earle: Ist Fernsehen gut für Kinder? 09/2007. URL: http://www.novo-magazin.de/90/novo9046.html. Zugriff: 30.11.2011)

1. *Schadet Fernsehkonsum Kindern? Entwickeln Sie in Auseinandersetzung mit Victoria Rideout eine Gliederung für eine dialektische Argumentation zu dieser Frage, indem Sie*
   a. *zunächst nach Argumenten für die Pro- und Contra-Seite suchen,*
   b. *diese Argumente in aufsteigender Reihenfolge niederschreiben und*
   c. *anschließend nach mindestens zwei der dargestellten Gliederungsmöglichkeiten anordnen.*
2. *Diskutieren Sie anschließend die Wirkung der unterschiedlichen Gliederungsentwürfe: Mit welchen Vor- und Nachteilen gehen die einzelnen Gliederungsmuster einher?*
3. *Verfassen Sie auf der Basis des von Ihnen favorisierten Gliederungsmusters eine dialektische Argumentation in Form eines Flugblattes oder Flyers, auf dem Sie im Namen einer frei erfundenen Bürgerinitiative Ihren Standpunkt zum Ausdruck bringen.*

Argumente linear gliedern			
Argumente		Beispiele und/oder Belege	
1		1	
		2	
		3	
2		1	
		2	
		3	
3		1	
		2	
		3	

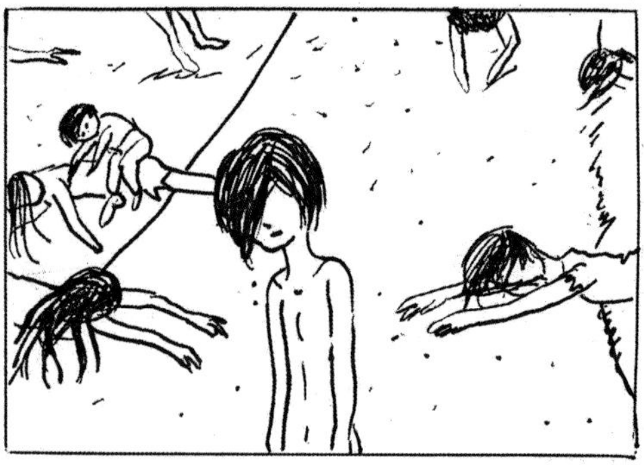

17.–22. Mai 1966

Aus Da Nang
wurde fünf Tage hindurch
täglich berichtet:
Gelegentlich einzelne Schüsse

Am sechsten Tag wurde berichtet:
In den Kämpfen der letzten fünf Tage
in Da Nang
bisher etwa tausend Opfer

(Erich Fried: Vietnam. Wagenbach, Berlin 1996, S. 23)

Idylle

Von Vergänglichkeit wird nicht geredet.
Auch der Waffenstillstand vom Montag
ist schon am Dienstag gebrochen.
Wie leicht fliegt die Leuchtmunition
über den Bildschirm, wie hübsch
das Phosphorgrün der Raketen
bei Nacht.
Morgens sind die Gesichter der Toten
mit Tüchern bedeckt, die Gesichter
der Lebenden mit den Händen.
Einer wird gewinnen, verspätet.
Wir warten, todsicher
in der ersten Reihe.

(Dagmar Nick: Idylle. In: Hilde Domin & Clemens Greve (Hg.): Nachkrieg und Frieden. Gedichte als Index 1945-1995. Fischer TBV, Frankfurt 1995, S. 191)

1. *Informieren Sie sich über die Hintergründe des Vietnamkriegs (1946–1975) sowie des Ersten (1980–1988), Zweiten (1990–1991) und Dritten (2003) Golfkrieges und darüber, wie insbesondere während der Zeit der Golfkriege die Rolle des Fernsehens diskutiert wurde.*
2. *Beschäftigen Sie sich mit den Gedichten. Erläutern Sie, welche grundsätzliche Haltung gegenüber den Medien beiden Autoren gemeinsam ist? Worin unterscheiden sich ihre Standpunkte im Einzelnen und was ist der Inhalt der Medienkritik?*
3. *Wechseln Sie die Perspektive: Schreiben Sie im Namen des Pressesprechers eines Fernsehsenders einen Brief an Dagmar Nick, in dem Sie auf die von ihr geäußerten Vorbehalte gegenüber der Fernsehberichterstattung eingehen.*

Wie das Fernsehen den Krieg erfindet

Amerika hat eine TV-Serie über den Feldzug im Irak. Die Fiktion liegt näher an der Wahrheit als die geschönten US-Nachrichten.

Ich arbeite am besten bei Nacht. Ich schlafe lange und stehe spät auf. Deshalb schaue ich gelegentlich vor der Arbeit bei einer Matineevorstellung im Bahnhofskino der Union Station vorbei. [...] Ausgerechnet im Union Station Cinema tritt der Preis für unsere Invasion im Irak uns leibhaftig vor Augen, hier verwandelt sich die Opfer-Statistik in eine Wirklichkeit aus Fleisch und Blut. Zu meiner liebsten Kinozeit kommt nämlich stets auch ein Bus vom nahe gelegenen Walter-Reed-Armeehospital an. Er entlässt seine Ladung amputierter und schrecklich entstellter Soldaten, auf dass Hollywood sie für ein paar Stunden weg von ihrem Leiden tragen möge. Sie sind jung, diese Verletzten. Sehr jung. Viele sehen so aus, als ob sie nach den strengen amerikanischen Jugendschutzgesetzen nicht einmal ein Glas Alkohol trinken dürften. Einige werden ihre Gläser nie mehr mit eigenen Händen erheben können.

Ich hatte die Gesichter dieser leibhaftigen verwundeten Soldaten im Kopf, als ich am vergangenen Mittwoch die erste Episode von „Over There" sah, einer neuen US-Fernsehserie über den Irak-Krieg.

Die Truppen auf dem Fernsehbildschirm sind jung wie ihre Pendants aus der Realität - jung und erschrocken. Die meisten sind zur Armee gegangen, weil ihre Eltern es sich nicht leisten konnten, eine Ausbildung am College zu bezahlen. In der ersten Episode kämpfen zwei weibliche Soldaten mit, Seite an Seite mit den Männern, weil ihr Transportlaster von einer Landmine in die Luft gesprengt wurde. Die irakischen Gegner sind Aufständische, keine Terroristen. Als einer von ihnen gefangen wird, fragt er, ob er jetzt auch zum Foltern nach Abu Ghraib verschleppt werden solle.

Diese jungen Soldaten haben den Ausdruck auf ihren Gesichtern, den Soldaten tragen, wenn sie gerade jemanden umgebracht haben. Es ist ein besonderes Glühen, eine Freude, eine Erleichterung. Solche Gesichter habe ich zum letzten Mal 1999 gesehen, bei dem Bundeswehr-Leutnant Ferk und seinen Soldaten in Prizren, Kosovo. Sie hatten zwei angreifende Serben in einem Akt der Selbstverteidigung niedergeschossen. [...] Die Soldaten im Irak, sie kämpfen vor allem anonym und für das eigene Überleben. Für die Chance, nach einem, zwei oder mehr Jahren wieder zu Hause zu sein.

[...] Die Frage lautet ja: Warum sollen sich die Amerikaner eine fiktionalisierte Fernsehshow über den Krieg anschauen? Können sie nicht stattdessen das Original rund um die Uhr in den Nachrichten betrachten? Die Wahrheit ist, dass Amerikaner kaum wissen, was im Irak passiert. Amerikanische Fernsehjournalisten stehen unter strenger militärischer Zensur. Sie sind der ständigen Gefahr ausgesetzt, getötet oder von irakischen Aufständischen entführt zu werden. In den meisten Fällen sitzen die Reporter schlicht in der verbarrikadierten Grünen Zone von Bagdad. Sie berichten aus dieser relativen Sicherheit, so gut es eben geht.

Deshalb könnte die an der Realität orientierte Erzählung von „Over There" etwas erreichen, das die amerikanischen Medien in den vergangenen zwei Jahren nicht geschafft haben. Sie könnte dem Durchschnittsamerikaner erklären, was wirklich

„dort drüben" passiert. Die öffentliche Begründung für den Einmarsch im Irak war reine Literatur. Warum sollte Fiktion nicht auch einmal helfen, die Wahrheit zu vermitteln?

(Bill Scannell: Wie das Fernsehen den Krieg erfindet. 4.8.2005. URL: http://www.zeit.de/2005/32/Irak-Fernsehen. Zugriff: 30.1.2012)

4. *Setzen Sie sich mit dem Zeitungsartikel auseinander und verfassen Sie – auch unter Berücksichtigung der Gedichte (S. 26) – einen freien Aufsatz in dialektischer Form zur Rolle der Medien bei der Kriegsberichterstattung. Springen Sie dabei in loser Form zwischen den Pro- und Contra-Argumenten hin und her.*

3.5 Argumente sprachlich miteinander verknüpfen

Den logischen Zusammenhang von Argumenten verdeutlichen

Argumente stehen zueinander in einem logischen Zusammenhang, der durch den Gebrauch von Konjunktionen sprachlich verdeutlicht werden kann:

» *Kopulative* Konjunktionen: und, sowie, sowohl ... als auch, weder ... noch
» *Disjunktive* Konjunktionen: oder, beziehungsweise, entweder ... oder
» *Adversative* Konjunktionen: aber, allein, (je)doch, sondern, während
» *Finale* Konjunktionen: damit, dass, um ... zu
» *Kausale* Konjunktionen: denn, da, weil, zumal
» *Konditionale* Konjunktionen: falls, wenn, sofern
» *Konsekutive* Konjunktionen: sodass, als dass, um ... zu, ohne ... dass
» *Konzessive* Konjunktionen: obschon, obgleich, wenn ... auch, wiewohl
» *Modale* Konjunktionen: indem, ohne dass, insofern, je ... desto, wie

Die meisten Blogs werden von einer Einzelperson geführt, weshalb ihr grundlegender Inhalt oft aus einer Mischung von Informationen und der persönlichen Meinung des Bloggers besteht. Diese Mischung wird meist ungefiltert veröffentlicht, was den Inhalt von Weblogs von dem redaktionell geführter Kommunikationskanäle unterscheidet.

(Christoph Mäurer: Private Blogbeiträge und deren Folgen für Unternehmen. Beitragsverbreitung von Weblogs im Internet. Diplomica, Hamburg 2010, S. 5)

Blogs personalisieren den Medieninhalt, sodass wir nichts mehr lesen, was über unsere eigenen Gedanken hinausgeht.

(Andrew Keen: Die Angst des Zeitungsverlegers vor dem Internet. 11/2007. URL: http://rundschau-hd.de/2007/11/listen-mag-man-mogen-oder-man-mag-sie-nicht-wir-mogen-sie-manchmal/. Stand: 30.11.2011)

Glaubwürdigkeit von Blogs
Inhalte von Corporate Blogs genießen eine vergleichsweise geringe Glaubwürdigkeit. Ein Viertel der Befragten (26,4 %) gab an, den Inhalten nicht zu trauen. Verblüffend ist das gute Abschneiden privater Blogs. Nur 12,1 % der Blognutzer trauen den dort veröffentlichten Inhalten nicht. Etablierte Medienmarken sollte nachdenklich stimmen, dass Medienblogs (nur von 4,4 % für unglaubwürdig gehalten) und journalistische Blogs (7,2 %) zwar vergleichsweise gut profiliert sind, aber Fachblogs von individuellen Experten doppelt so gut bewertet werden. Nur 2,1 % der befragten Trendsetter im Internet vertraut ihnen nicht.

(Ansgar Zerfaß, Janine Bogosyan: Blogstudie 2007. Informationssuche im Internet – Blogs als neues Recherchetool (Ergebnisbericht). 02/2007. URL: http://www.cmgt.uni-leipzig.de/fileadmin/cmgt/PDF_Publikationen_download/Blogstudie2007-Ergebnisbericht.pdf. Zugriff: 11.9.2013)

Jamba Kurs
Am 12. Dezember 2004 veröffentlichte der Autor und freie Journalist Häusler auf seinem Weblog Spreeblick einen amüsant geschriebenen Blog-Beitrag mit dem Titel Jamba-Kurs. Der Artikel wurde im Stil der Sendung mit der Maus verfasst und zeigte ein Bild der drei Samwer-Brüder, die Jamba gegründet hatten. Der Artikel setzte sich sehr kritisch mit dem Abo-Tarifmodell des Klingeltonvermarkters und Marktführers Jamba auseinander. Binnen kürzester Zeit (ca. 48 Stunden) wurde der Beitrag in zahlreichen Weblogs verlinkt und sehr positiv in der Blogosphäre aufgenommen, wie zahlreiche Kommentare zu dem Eintrag zeigen. [...]
Nach Weihnachten wurde das Thema auch von den traditionellen Massenmedien aufgegriffen. Zunächst erschien ein Beitrag über das Thema bei Spiegel Online. [...] Am 10. Januar 2005 griff der Spiegel in seiner Ausgabe das Thema erneut auf. Damit war es nun auf der öffentlichen Agenda und wurde von da an in vielen weiteren Tages- und Wochenzeitungen und Magazinen on- und offline kommentiert. Zur gleichen Zeit startete ein Aktivist eine virtuelle Unterschriftenaktion für ein Verbot der TV-Werbung von Jamba-Klingeltönen auf VIVA und MTV. Am 16. Januar 2005 griff SAT.1 im Rahmen der Sendung Planetopia den Jamba-Fall erneut auf. Ebenso berichteten im selben Zeitraum einige Radiosender über den Fall. Anfang Februar nutzten auch Politiker die aktuelle Stimmungslage, um eine Pressemitteilung gegen Klingeltonabzocke zu lancieren, in der es um die Präsentation der Telekommunikationsgesetzesnovelle ging. Der Jamba-Fall zeigt eindrücklich [...] die Auswirkungen, die Blogger auf die Berichterstattung innerhalb und außerhalb der Blogosphäre haben können.

(Tim Fischer: Die Entwicklung von Weblog Issues am Beispiel des Klingeltonanbieters Jamba. 2005. URL: http://www.dpunkt.de/leseproben/3-89864-375-1/Kapitel_15.pdf. Stand: 11.9.2013)

Das Telekommunikationsgesetz dient der Regulierung des Wettbewerbs zwischen Telekommunikationsanbietern und der Gewährleistung flächendeckender Versorgung mit Telefon und Internet. Außerdem schützt es die Interessen der Verbraucher und stellt die Einhaltung des Fernmeldegeheimnisses sicher.

---

1. *Nehmen Sie an, zwei Schüler vertreten eine unterschiedliche Auffassung zur Frage, ob Blogs einen ebenso großen Stellenwert in der Bildung der öffentlichen Meinung einnehmen wie die klassischen Medien. Formulieren Sie für jeden der Standpunkte je drei Argumente und verknüpfen Sie diese mit geeigneten Konjunktionen.*
2. *Fassen Sie aus der Sicht eines unbeteiligten Dritten die Standpunkte und Argumente der beiden Schüler zusammen, indem Sie unter Zuhilfenahme entgegensetzender sprachlicher Mittel die Unterschiedlichkeit der Standpunkte verdeutlichen.*
3. *Kommentieren Sie die These von Tim Fischer oder Andrew Keen in Form einer schriftlichen Erörterung. Machen Sie einleitend auf die allgemeine Bedeutung der Fragestellung sowie auf Ihren eigenen Standpunkt aufmerksam. Begründen Sie Ihren Standpunkt im Hauptteil mit mindestens drei Argumenten. Beziehen Sie in Ihre Argumentation mögliche Gegenargumente mit ein. Achten Sie auf die bewusste Verwendung geeigneter Konjunktionen.*

3.6 Thesen untersuchen

Nach der Loveparade-Katastrophe in Duisburg: Presserat rügt „Bild.de"

241 Beschwerden bekam der Presserat über die Berichterstattung zur Loveparade-Katastrophe in Duisburg. Nun hat das Selbstkontrollorgan eine Rüge ausgesprochen. Bei großen Katastrophen wird „BILD" schnell aktiv. Es gibt viele Fakten - Namen, Adressen und Fotos. So war es auch nach dem Loveparade-Desaster von Duisburg. „Bild.de", das Online-Portal des Boulevardblatts, hatte ein ungepixeltes Foto eines Opfers veröffentlicht und dazu Details der Todesumstände beschrieben. Dafür hat nun der Presserat „Bild.de" gerügt und die Berichterstattung in anderen Fällen kritisiert. Es wurden fünf Missbilligungen und drei Hinweise ausgesprochen. Das Selbstkontrollorgan hatte über die 241 Beschwerden, die insgesamt vorlagen, am Dienstagabend entschieden.
Kritisiert wurde vor allem, dass Fotos von Opfern gezeigt wurden. In mehreren Zeitungen und auf Internetportalen seien sie zu sehen gewesen - auch gegen Darstellungen in Videos richtete sich die Kritik. Die Art der Berichterstattung verstoße gegen das Recht der Opfer auf Privatsphäre, argumentiert der Presserat. Die Darstellung einzelner Opfer sei unangemessen sensationell, begründeten die Beschwerdeführer. Auch Lebensumstände einzelner Opfer wurden unangemessen publiziert, erklärt der Presserat weiter. [...] Der Pressekodex, gegen den die kritisierten Beiträge verstoßen haben, legt fest, was eine angemessene Berichterstattung ist. So heißt es etwa: „Unange-

messen sensationell ist eine Darstellung, wenn in der Berichterstattung der Mensch zum Objekt, zu einem bloßen Mittel, herabgewürdigt wird. Dies ist insbesondere dann der Fall, wenn über einen sterbenden oder körperlich oder seelisch leidenden Menschen in einer über das öffentliche Interesse und das Informationsinteresse der Leser hinausgehenden Art und Weise berichtet wird. [...]"
Dagegen hatten die detaillierten Schilderungen - vor allem in „BILD" - nach Meinung des Presserats eindeutig verstoßen.

(Süddeutsche.de: Presserat rügt Bild.de. 15.10.2010. URL: http://www.sueddeutsche.de/thema/Loveparade. Zugriff: 31.1.2012)

1. *Fassen Sie mit eigenen Worten zusammen, mit welchen Argumenten der Presserat die Berichterstattung von „Bild.de" über die Loveparade in Duisburg, bei der im Juli 2010 19 Menschen ums Leben kamen, kritisierte.*
2. *Stellen Sie in Form von Werturteilen und Forderungen eine Liste von Grundsätze zusammen, die jeder Journalist bei seiner Arbeit beachten sollte. Begründen Sie diese Grundsätze mit Argumenten.*

Der Erfolg von „BILD"

Mit 5,5 Millionen Exemplaren triumphiert das Monster aus dem Hause Springer alltäglich über seine Widersacher. Ein Ende dieser Karriere ist nicht abzusehen. Das Blatt ist eine Tatsache, mit der die Bundesrepublik leben muss; unter den Institutionen dieses Landes ist es womöglich diejenige, die sich der Zustimmung der Bevölkerung im höchsten Grade erfreuen darf. Ja, man wird sich fragen müssen, ob es eine Stimme gibt, die das Bewusstsein und die Bewusstlosigkeit der westdeutschen Gesellschaft reiner ausdrückt. Insofern ist es nur folgerichtig, dass ein ehemaliger Chefredakteur dieses Blattes als Regierungssprecher fungiert hat. Der Ausdruck „repräsentative Demokratie" nimmt unter diesen Umständen einen fatalen Sinn an: Das Volk hat seine Stimme abgegeben - an Bild. [...] Dies begreifen heißt keineswegs, alles in einen Topf zu werfen; nach wie vor existieren wesentliche Unterschiede im Informations- und Gebrauchswert journalistischer Medien.

(Hans Magnus Enzensberger: Der Triumph der Bild-Zeitung oder Die Katastrophe der Pressefreiheit. In: Ders.: Mittelmaß und Wahn. Büchergilde Gutenberg, Frankfurt 1988, S. 80f.)

3. *Hans Magnus Enzensberger bezeichnet die Bild-Zeitung als „triumphierendes Monster". Diskutieren Sie, ob es sich dabei um eine Tatsachenbehauptung oder um ein Werturteil handelt. Gibt es Kriterien mit deren Hilfe sich beide unterscheiden lassen?*
4. *Am Ende des Textes formuliert Enzensberger eine weitere These. Führen Sie die Argumentation in schriftlicher Form fort, indem Sie diese These mit Argumenten und Beispielen erläutern.*

Der Deutsche Presserat
ist eine Organisation der großen deutschen Verleger- und Journalistenverbände. Zu seinen Aufgaben gehört es, Missstände im Pressewesen festzustellen und auf deren Beseitigung hinzuwirken, Entwicklungen entgegenzutreten, die die freie Information und Meinungsbildung des Bürgers gefährden könnten, für den unbehinderten Zugang zu Nachrichtenquellen einzutreten sowie Empfehlungen und Richtlinien für die publizistische Arbeit herauszugeben.

3.7 Thesen begründen und widerlegen

Argumente mithilfe der Topik finden
Bei der Suche nach Argumenten hilft eine Jahrtausende alte Lehre, die Topik (von gr. *Topos*, Ort). Sie gibt „Fundorte“ (lat. loci) an, an denen man Argumente finden kann. Sie können sich auf die Person(en) (loci a persona) beziehen, die etwas getan hat oder tun soll, oder auf die Sache (loci a re), um die es geht.

De oratore
Aus ihrem Gegenstand heraus argumentiert man dann, wenn es entweder auf die Sache insgesamt oder auf einen Teil von ihr oder auf die Bezeichnung, die sie trägt, oder auf etwas, das mit ihr zu tun hat, ankommt; von außen aber, wenn man Argumente sammelt, die außerhalb der Sache liegen und nicht mit ihrem Wesen zusammenhängen. [...]
Wenn es um eine Sache im ganzen geht, muss man ihr Wesen insgesamt durch eine Definition erklären [...]. Geht es jedoch um einen Teil der Sache, so gewinnt man Klarheit durch logische Zergliederung [...]. Kommt es jedoch auf etwas an, das mit dem eigentlichen Gegenstand zusammenhängt, so gibt es mehr Fundstellen und Quellen der Argumentation. Denn dabei werden wir Zusammenhänge untersuchen, Gattungen, Untergliederungen, Ähnlichkeiten, Unterschiede, Gegensätze, Folgerungen, Übereinstimmungen, gleichsam Voraussetzungen, Widersprüche, Gründe und das, was aus den Gründen entstanden ist, aufspüren und Größeres, Gleiches und Kleineres erforschen.

(Marcus Tullius Cicero: De oratore/Über den Redner. Harald Merklin (Hg.). Reclam, Stuttgart 1976)

1. *Geben Sie die Gedanken des Textes in eigenen Worten wieder. Visualisieren Sie diese auf geeignete Art und Weise. Verdeutlichen Sie anschließend die Unterscheidungen Ciceros an einem Beispiel.*
2. *Diskutieren Sie, inwiefern die Unterscheidungen Ciceros hilfreich für Aufbau und Bewertung von Argumentationen sein können.*
3. *Nehmen Sie an, Sie würden sich für eine Casting-Show bewerben wollen. Verfassen Sie ein Bewerbungsschreiben, in dem Sie Ihre Bewerbung ausführlich begründen. Suchen Sie gezielt nach Argumenten mit Hilfe der loci a persona. Nutzen Sie hierbei die Übersicht.*

loci persona	
Locus	Argumente, die sich ergeben aus
genus (Geschlecht/Geblüt)	der familiären Herkunft
natio (Nationalität)	der nationalen Identität
patria (Vaterland)	den landestypischen Gesetzen, Lebensweisen
sexus (Geschlecht)	den unterschiedlichen Verhaltensweisen von Männern und Frauen
aetas (Alter)	den altersbedingten Verhaltensweisen
educatio et disciplina (Erziehung und Ausbildung)	der Qualifikation
habitus corporis (körperliche Eigenschaften)	den physischen und psychischen Dispositionen
fortuna (Schicksal)	den bisherigen Erfolgen
conditio (soziale Stellung)	dem sozialen Status
animi natura (Wesensart)	dem Charakter
studia (Beruf)	der beruflichen Tätigkeit
quid affectet quisque (Neigungen)	den Neigungen und Talenten
ante acta (Vorgeschichte)	den Erfahrungen und Erlebnissen
nomen (Namen)	dem Namen, Spitznamen

Souveräne Lehrer gefragt

Nicht nur in der Schule wiederholt sich alles. Vor dem Bundesgerichtshof hat eine Gymnasiallehrerin wieder einmal gegen das Schülerportal Spickmich.de geklagt und verloren.

Die Benotung von Lehrern auf dieser Webseite – das schreiben die Richter schon seit geraumer Zeit in die Urteile – ist eine legale Form der freien Meinungsäußerung, auch wenn sie anonym geschieht. Die Prozessiererei ist nur noch das Kondensat einer öffentlichen Aufregung, die durch die Medien schwappte und eigentlich schon wieder abgeebbt ist. Damals schlug der Philologenverband Alarm, sprach von Lehrern als „Freiwild im Internet", lamentierte über gefälschte Hinrichtungsvideos, Verleumdungen in Schülerforen und Droh-E-Mails an Pädagogen. In einem Aufwasch forderten die Lehrer-Funktionäre gleich noch das Verbot des damals noch relativ unbekannten Portals Spickmich.de, das seitdem sehr bekannt und bei Schülern zunehmend beliebt ist.

Leiden und Klappe halten? Bleiben wir bei den Fakten: Spickmich.de ist eine Schüler-Community wie viele andere, auf der die Jugendlichen zusätzlich ihre Lehrer benoten dürfen. Die Beurteilungs-Kriterien wurden kürzlich detaillierter gefasst und entschärft – die viel gescholtene „Sexy"-Kategorie fiel zum Beispiel weg. Ausgefeilte technische Filter bemerken, wenn ein Schüler etwa nur schlechte Noten vergibt oder ein Lehrer innerhalb kürzester Zeit niederbewertet wird.

Warum also die Aufregung? Wen außer den betroffenen Schülern, Eltern, Vorgesetzten und Kollegen interessiert es, wenn Herr Meier von der Realschule X in der Kategorie „faire Noten" eine 2,7, bei „cool und witzig" eine 1,9 hat? Eben. Und die Interessierten geht diese Beurteilung auch etwas an. Denn die Qualität einer Lehrer-Dienstleistung hat so weitreichende Folgen für das Leben vieler junger Menschen wie keine andere, wird aber gleichzeitig so wenig kontrolliert wie keine andere. Diejenigen, die sie jeden Tag miterleben, die Schüler, dürfen sich freuen, eventuell darunter leiden, aber bitteschön die Klappe halten. Lehrerverbandspräsident Josef Kraus sprach ihnen gar die Fähigkeit ab, über Lehrerleistungen zu urteilen. Welche Hybris!

(Iris Röll: Souveräne Lehrer sind gefragt. 23.6.2009. URL: http://www.focus.de/schule/schule/recht/spickmich-de_aid_235814.html. Zugriff: 30.1.2011)

Loci a re		
Bezeichnung	Beweise	Hilfsfragen
loci a causa	die aus den Gründen einer Handlung gewonnen werden	Warum? Wozu?
loci a tempore	die sich von der Zeit herleiten	Wann?
loci a loco	die sich vom Ort herleiten	Wo? Woher?
loci a finitione	die sich aus der Definition oder Abgrenzung herleiten	Was?
loci a facultate	die sich von der Möglichkeit herleiten	Gibt es Annahmen, die die These stützen?
loci a modo	die sich aus der Art und Weise des Geschehens herleiten	Wie?
loci a comparatione	die sich aus dem Vergleich herleiten	Gibt es Vergleichbares?
loci a simili	die sich von der Ähnlichkeit herleiten	Gibt es Ähnliches?
loci a circumstantia	die sich aus den Umständen ergeben	Unter welchen Umständen?
loci a fictione	die sich aus fingierten Annahmen herleiten	Beruht etwas nur auf Unterstellungen?

4. *Fassen Sie knapp, aber präzise den Sachverhalt zusammen, über den im Artikel berichtet wird.*
5. *Diskutieren Sie, ob Lehrerbewertungsportale wie „spickmich.de“ verboten werden sollten oder nicht:*
   a. *Bereiten Sie sich auf die Diskussion vor, indem Sie vorab Ihren Standpunkt in dieser Frage klären. Suchen Sie anschließend mit Hilfe der loci a re (S. 35) nach mindestens drei unterschiedlichen Arten von Argumenten für ihren Standpunkt.*
   b. *Ändern Sie die Sitzordnung und setzen Sie sich, getrennt nach der Pro- und Contra-Position, gegenüber.*

c. *Stellen Sie nun in der ersten Diskussionsrunde jeweils abwechselnd Ihre Positionen dar.*
d. *Ziehen Sie sich nun gruppenweise zurück und planen Sie argumentative Entgegnungen zu den Standpunkten der Gegenseite. Nutzen Sie hierzu nicht nur die loci a re, sondern auch die loci a persona (S. 33).*
e. *Führen Sie nun die zweite Diskussionsrunde durch, in der Sie Ihre Entgegnungen vortragen.*
f. *Werten Sie anschließend im Plenum den Verlauf der Diskussion und die argumentative Qualität Ihrer Statements aus.*

Porno und Gewalt. Japan plant Handy-Verbot an Schulen

In der Not hilft nur Verbot: Weil immer mehr Schüler unter Nachstellungen per SMS leiden, junge Mädchen sich online zur Prostitution anbieten, sollen in Japans Schulen Mobiltelefone verboten werden. [...]

Immer wieder sorgen in der Mobilfunkhochburg Japan Fälle für Schlagzeilen, bei denen Handys jugendlichen Tätern wie auch ihren Opfern als Kommunikationsplattform dienen – und der Gesellschaft als einer der Gründe für die Missstände. Jetzt will der Staat handeln und kurzum Mobiltelefone aus den öffentlichen Schulen des Landes verbannen.

Das Erziehungsministerium in Tokio beabsichtigt Medienberichten zufolge, bis Ende Januar die Schulbehörden im ganzen Land darüber zu unterrichten, dass Handys grundsätzlich aus Grundschulen und Mittelschulen zu verschwinden haben. Kritiker bezweifeln jedoch, dass sich die Probleme einfach durch eine staatliche Verfügung ausmerzen lassen. „Auch wenn ich sicher bin, dass ein Kind ein Handy dabei hat, kann ich es ihm doch nicht einfach mit Gewalt wegnehmen. Dann würde mir vorgeworfen, ich würde körperliche Strafen einsetzen", schildert eine Lehrerin aus Osaka in der Zeitung „Asahi Shimbun" das Dilemma. [...]

Nach einer Umfrage des Erziehungsausschusses der Präfektur Tokio unter 11.000 Kindern an öffentlichen Schulen besitzen 33,2 Prozent der 10-Jährigen ein eigenes Mobiltelefon. Bei den 15-Jährigen sind es bereits 73,3 Prozent und bei den 16-Jährigen 95,4 Prozent. Eine andere Studie der Präfektur Osaka ergab, dass unter den 13-Jährigen jeder Sechste mehr als drei Stunden am Tag das Handy benutzt. Unter den 16-Jährigen tut das jeder Dritte. Jeder Sechste der 16-Jährigen gab zudem an, täglich mehr als 50 SMS zu verschicken. Ein weiteres Ergebnis der Studie, wonach die Kinder zu Hause umso kürzer lernen, je länger sie sich mit dem Handy beschäftigen, kann da kaum noch verwundern.

In Japan, das laut Experten in der Mobilfunktechnologie Europa zwei bis drei Jahre voraus ist und wo „keitai" (Mobiltelefone) mit Internet-Zugang aus der Gesellschaft nicht wegzudenken sind, dienen Handys längst nicht mehr nur für Telefonate oder SMS. Mit Handys lassen sich Busse, Bahnen und selbst Taxis bezahlen, kostenlos Fernsehen schauen, Urlaubsreisen buchen, Manga-Comics und ganze Romane lesen.

Zu den mobilen Angeboten gehören jedoch auch Pornos, Internet-Seiten, auf denen sich Selbstmörder zum Gruppensuizid verabreden und „deai-saito"-Seiten, über die Erwachsene oft an Sexkontakte mit Schülerinnen gelangen.
Jeder zehnte Grundschüler ist nach einer Umfrage mit solchen Inhalten schon einmal in Berührung gekommen. Zwar wurde das Gesetz kürzlich verschärft und Internet-Betreiber verpflichtet, Einträge von Kindern unter 18 Jahren zu löschen, die sich zur Prostitution anbieten, wie auch von Erwachsenen, die solche Kinder suchen. Wie effektiv das ist, ist noch nicht klar. Nach Angaben der nationalen Polizeibehörde wurden innerhalb eines Monats nach der Gesetzesänderung mehr als 1.600 Internet-Kontaktseiten bei Sicherheitsbehörden gemeldet.
Japans Kommunikationsminister Kunio Hatoyama findet den Vorschlag gut: „Menschen, die stark von E-Mails auf Mobiltelefonen abhängig sind, würden ihre Konversationsfähigkeiten verlieren. Es gibt keinen Zweifel, dass Mobiltelefone einen Aspekt haben, der zum Verlust von Menschlichkeit führen könnte", sagte er.

(Lars Nicolaysen: Porno und Gewalt. Japan plant Handy-Verbot an Schulen. 26.1.2009. URL: http://www.spiegel.de/netzwelt/mobil/0,1518,603477,00.html. Zugriff: 30.11.2011)

6. *Untersuchen Sie den Artikel „Porno und Gewalt", indem Sie festhalten, mit welchen Argumenten die Frage in Japan diskutiert wird, ob an Grund- und Mittelschulen ein allgemeines Handyverbot durchgesetzt werden sollte. Unterstreichen Sie die Pro- und Contra-Argumente in unterschiedlichen Farben und klassifizieren Sie diese mit Hilfe der loci a re (S. 35).*
7. *Verfassen Sie eine Argumentation in Form eines Zeitungskommentars dazu, ob Handyverbote auch an deutschen Schulen sinnvoll sind. Gehen Sie auch auf die Diskussion in Japan ein.*
8. *Angenommen, an Ihrer Schule existiert ein generelles Handy-Verbot. Legen Sie in einem Brief an die Leitung Ihrer Schule dar, warum dieses Verbot zwar im Allgemeinen von Ihnen gutgeheißen wird, aber für Sie persönlich eine Ausnahme gemacht werden sollte. Stützen Sie sich dabei sowohl auf loci a re (S. 35) sowie auf loci a persona (S. 33).*
9. *Formulieren Sie im Gegenzug ein Antwortschreiben der Schulleitung.*

3.8 Argumentative Zusammenhänge verdeutlichen

Hilfen zur sprachlichen Verdeutlichung des argumentativen Zusammenhangs

» **Hervorhebungen:** vor allem, hauptsächlich, insbesondere, besonders, meistens, ich möchte betonen/hervorheben, dass, besonders wichtig erscheint, man darf nicht übersehen, dass, entscheidend ist jedoch, außerdem spielt ... eine wichtige Rolle, allerdings muss man auch sehen, dass, weitaus wichtiger ist aber

» **Gezielte Wiederholungen:** wie bereits erwähnt, wie bereits beschrieben

» **Ergänzungen:** außerdem, darüber hinaus, sowie, ferner, zusätzlich, ergänzend, auch, weiterhin, ebenfalls, schließlich, nicht zuletzt, nicht nur ... sondern auch, anschließend

» **Entgegensetzungen:** dagegen spricht, ein weiteres Argument dagegen ist,

» **Schlussfolgerungen:** demnach, also, somit, daher, deshalb, sodass, folglich, deswegen, darum, trotz allem, trotzdem

» **Abtönungspartikel:** aber, auch, bloß, denn, doch, eben, eigentlich, etwa, halt, ja, mal, nur, ruhig, schon, überhaupt, vielleicht, wohl

Durch den Gebrauch sogenannter *Abtönungspartikel* kann der Sprecher/der Verfasser seinen Aussagen eine bestimmte Tönung geben, sodass er dem Zuhörer/Leser Zustimmung, Ablehnung, Erstaunen, Interesse gegenüber den von ihm vorgebrachten Aussagen signalisiert.

Verblöden die Medien?

Fernsehen verblödet: Auf diese schlichte These laufen so gut wie alle landläufigen Medientheorien hinaus, gleichgültig, wie fein gesponnen oder grob gewirkt sie daherkommen. Der Befund wird in der Regel mit einem gramvollen Unterton vorgetragen. Vier hauptsächliche Varianten lassen sich unterscheiden:
Die Manipulationsthese zielt auf die ideologische Dimension, die den Medien zugeschrieben wird. Sie sieht in ihnen vor allem Instrumente politischer Herrschaft und ist von ehrwürdigem Alter. [...] Die Nachahmungsthese dagegen argumentiert vor allem moralisch. In ihren Augen bringt der Medienkonsum vor allem sittliche Gefahren mit sich. Wer sich ihm aussetzt, wird an Libertinage, Verantwortungslosigkeit, Verbrechen und Gewalt gewöhnt. Die subjektiven Folgen sind abgestumpfte, verhärtete Individuen, die objektiven der Verlust sozialer Tugenden und der allgemeine Sittenverfall. [...] Neueren Datums ist die Simulationsthese, die von einem erkenntnistheoretischen Verdacht beseelt ist. [...] Ihr zufolge wird der Zuschauer durch das Medium außerstande gesetzt, zwischen Wirklichkeit und Fiktion zu unterscheiden. [...] Alle bisherigen konvergieren in der vierten, der Verblödungsthese, die sich zu einer anthropologischen Aussage verdichtet. Die Medien greifen, wenn man ihr folgt, nicht nur das Kritik- und Unterscheidungsvermögen, nicht nur die moralische und politische Sub-

stanz ihrer Nutzer an, sondern auch ihr Wahrnehmungsvermögen, ja ihre psychische Identität. Sie produzieren damit, wenn man sie gewähren lässt, einen Neuen Menschen, den man sich, je nach Belieben, als Zombie oder Mutanten vorstellen kann. Alle diese Theorien sind schwach auf der Brust. Beweise halten ihre Urheber für entbehrlich. Selbst das Minimalkriterium der Plausibilität macht ihnen keinerlei Kopfzerbrechen. So ist es, um nur ein Beispiel zu nennen, bisher niemandem gelungen, uns außerhalb der psychiatrischen Klinik auch nur einen „Fernsehteilnehmer" vorzuführen, der außerstande wäre, zwischen einem Ehekrach in der laufenden Serie und an seinem Frühstückstisch zu unterscheiden. Die Verfechter der Simulationstheorie scheint das nicht zu stören. Ebenso kurios, vielleicht aber noch folgenschwerer ist eine andere Gemeinsamkeit der genannten Theorien. Der Nutzer der Medien erscheint ihnen grundsätzlich als wehrloses Opfer, der Veranstalter dagegen als durchtriebener Täter. Diese Opposition wird mit tiefem Ernst und beachtlicher Gründlichkeit durchgehalten: Manipulatoren und Manipulierte, Vorahmer und Nachahmer, Simulanten und Simulierte, Verblöder und Verblödete stehen einander in schöner Symmetrie gegenüber. [...]

(Hans Magnus Enzensberger: Das Nullmedium oder warum alle Klagen über das Fernsehen gegenstandslos sind. In: Ders.: Mittelmaß und Wahn. Suhrkamp, Frankfurt 1988, S. 83 ff.)

1. *Verfassen Sie einen Aufsatz, in dem Sie Stellung zu der von Enzensberger formulierten These beziehen. Achten Sie darauf, Ihrer Argumentation durch die Einleitung und den Schluss einen Rahmen zu geben und Ihre eigenen Argumentationsabsichten sprachlich deutlich zum Ausdruck zu bringen.*

II. Praxisformen des mündlichen Argumentierens

1. Einführung

1.1 Gesprächsregeln vereinbaren

Fair diskutieren
Ein fairer Diskussionsteilnehmer hört zu, lässt ausreden und ist konzentriert, um auf das vom Gegenüber Gesagte einzugehen und seine eigenen Argumente sachlich und verständlich darzustellen. Im Idealfall ist seine Gesprächshaltung durch Gelassenheit und Höflichkeit geprägt sowie dadurch, auch gegenteilige Standpunkte tolerieren zu können. Zu einem guten Diskussionsstil gehört es, gegenteilige Standpunkte und Argumente nicht vorschnell zu verwerfen, sondern diese auf ihre Plausibilität, Überzeugungskraft und Vernünftigkeit zu überprüfen.

---

talk

blaablaablaablaa
blaablaablaa
blaablaablaablaa
blaablaablaa
bäbb
bäbb
bäbbbäb
bäbbbäbäb
bäbäbbb
bäbb
bäbb
bäbbbäb
bäbbbäb
bäbäbäbbb
blaablaablaablaa
bäbb
bäbb
bäbbbäb
blaablaablaa
bäbäbbb
bäbb
bäbb
bäbäbbb
bäbb
bäbb
bäbbbäb
bäbäbbb
blaablaablaablaa
bäbäbbb

(Ernst Jandl: Laut und Luise. Reclam, Stuttgart 1976, S. 29)

1. *Erarbeiten Sie in Gruppenarbeit eine Lesung des Gedichts.*
2. *Diskutieren Sie anschließend die Vorträge: Was hat Sie negativ an Ihnen bekannte typische Gesprächsverläufe und Gesprächssituationen erinnert?*
3. *Legen Sie dar, aus welchen Gründen es Menschen schwerfallen könnte, sich bei einer Diskussion zu Wort zu melden? Benennen Sie Situationen, in denen es Ihnen selbst einmal schwergefallen ist, sich an einer Diskussion zu beteiligen.*
4. *Erstellen Sie eine Liste der fünf häufigsten Gründe, warum sich Menschen in Diskussionen unwohl oder unsicher fühlen.*
5. *Entwickeln Sie ein Grundmodell, das wichtige Faktoren für das Gelingen einer Diskussion umfasst. Bedenken Sie dabei, wodurch ein gutes Diskussionsklima und ein guter Diskussionsverlauf charakterisiert sind?*
6. *Erproben Sie Ihre Diskussionsregeln und Verhaltenstipps an einem Thema Ihrer Wahl.*
7. *Welche Ihrer Regeln und Verhaltenstipps halten Sie für geeignet, das Diskussionsklima und die Diskussionsbeteiligung in Ihrer Kursgruppe zu verbessern? Welche dieser Regeln und Verhaltenstipps möchten Sie sich künftig zu eigen machen?*

1.2 Gespräche versachlichen

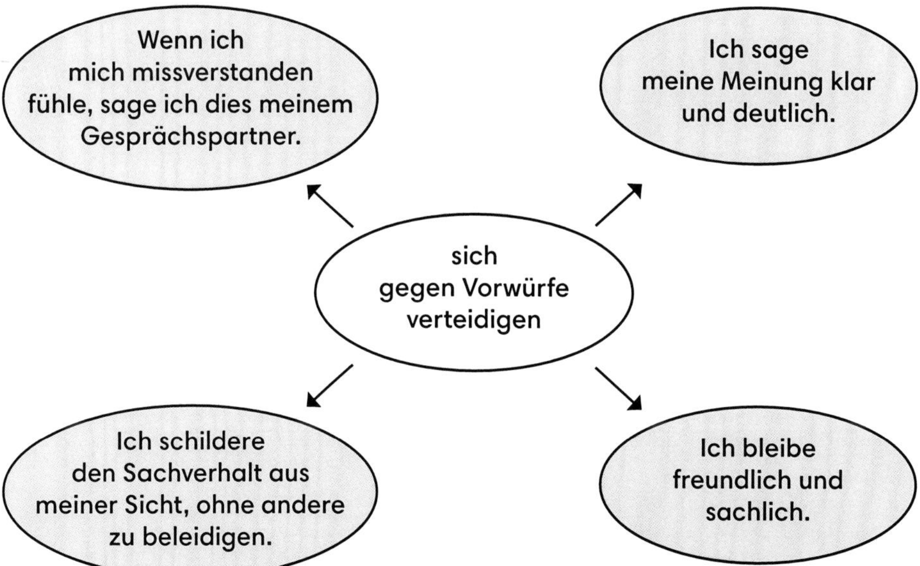

1. Jule steht kurz davor, zu explodieren. Ihre Lehrerin hat sie zu Unrecht beschuldigt, bei einer Klassenarbeit einen Spickzettel benutzt zu haben. Dieser stammte aber von ihrem Banknachbarn Aron, der, ohne dass Jule es bemerkte, diesen in ihr Klassenarbeitsheft schmuggelte. Überlegen Sie sich, mit welchen Vorwürfen die Lehrerin Jule konfrontieren könnte, wie Jule hierauf mutmaßlich reagiert. Spielen Sie die Situation anschließend in einem Rollenspiel nach. Probieren Sie dabei die Argumentationsregeln aus dem Kasten aus.

1.3 Gesprächsebenen beachten

Das „Vier-Ohren-Modell" des Kommunikationspsychologen Schulz von Thun beschreibt wesentliche Grundfaktoren menschlicher Kommunikation.

Während auf der Sachebene der Gesprächsinhalt (Daten, Fakten, Sachverhalte) ausgedrückt wird, gibt der Sprecher auf der Selbstauskunftsebene Hinweise darauf, was in ihm vorgeht. Auf der Beziehungsebene teilt er seinem Gesprächspartner seine Einstellung ihm gegenüber mit, während er auf der Appellebene kundtut, was er von ihm erwartet.

Menschliche Kommunikation

Wenn man untersucht, was jede Mitteilung enthält, so erweist sich ihr Inhalt vor allem als Information. Dabei ist es gleichgültig, ob diese Information wahr oder falsch, gültig oder ungültig oder unentscheidbar ist. Gleichzeitig aber enthält jede Mitteilung einen weiteren Aspekt, der viel weniger augenfällig, doch ebenso wichtig ist - nämlich einen Hinweis darauf, wie ihr Sender sie vom Empfänger verstanden haben möchte. Sie definiert also, wie der Sender die Beziehung zwischen sich und dem Empfänger sieht, und ist in diesem Sinn seine persönliche Stellungnahme zum anderen. Wir finden somit in jeder Kommunikation einen *Inhalts- und einen Beziehungsaspekt.* [...] Wenn Frau A auf Frau B's Halskette deutet und fragt: „Sind das echte Perlen?", so ist der Inhalt ihrer Frage ein Ersuchen um Information über ein Objekt. Gleichzeitig aber definiert sie damit auch [...] ihre Beziehung zu Frau B. Die Art, wie sie fragt, der Ton ihrer Stimme, ihr Gesichtsausdruck, der Kontext usw., wird entweder wohlwollende Freundlichkeit, Neid, Bewunderung oder irgendeine andere Einstellung zu Frau B ausdrücken. B kann ihrerseits nun diese Beziehungsdefinition akzeptieren, ablehnen oder eine andere Definition geben, aber sie kann unter keinen Umständen - nicht einmal durch Schweigen - nicht auf A's Kommunikation antworten. Für unsere Überlegungen wichtig ist [...], dass dieser Aspekt der Interaktion zwischen den beiden nichts mit der Echtheit von Perlen zu tun hat [...], sondern mit den gegenseitigen Definitionen ihrer Beziehung, mögen sie sich auch weiter über Perlen unterhalten.

(Paul Watzlawick u. a.: Menschliche Kommunikation. In: P. Watzlawick, P. / J.H. Beavin/D. Jackson: Menschliche Kommunikation. Formen, Störungen, Paradoxien. Huber, Bern/Stuttgart/Wien 1974, S. 53 ff.)

1. *Fassen Sie Watzlawicks Gedankengang knapp in eigenen Worten zusammen.*
2. *Verfassen Sie einen kurzen, scheinbar harmlosen, aber in Wirklichkeit provozierenden Dialog. Sein Gegenstand soll das Gespräch am Mittagstisch einer Familie sein, innerhalb der es Spannungen gibt. Der Dialog sollte aus nicht mehr als drei Wortbeiträgen bestehen. Überprüfen Sie die Provokationskraft Ihres Dialogs, in einem Rollenspiel, in dem Sie mit den von Watzlawick beschriebenen Mitteln zeigen, wie auf der Inhaltsebene scheinbar unverfängliche Äußerungen auf der Beziehungsebene als Provokation aufgefasst werden können.*
3. *Analysieren Sie Ihr Rollenspiel mit Hilfe des „Vier-Ohren-Modells" von Schulz von Thun:*

a. *Welche Signale senden die beiden Gesprächspartner auf den jeweiligen Ebenen der Kommunikation?*
b. *Wie werden diese Signale aufgefasst und wie reagieren die Gesprächsteilnehmer darauf?*

4. *Diskutieren Sie, ob es sich bei Ihren Rollenspielen um Fälle geglückter oder missglückter Kommunikation handelt. Machen Sie Vorschläge, an welchen Stellen der Auseinandersetzung die jeweiligen Gesprächspartner den Verlauf hätten positiv beeinflussen können. Durch welche Mittel und Verhaltensweisen wäre dies möglich gewesen?*
5. *Entwickeln Sie in schriftlicher Form einen idealtypischen Verlauf der Auseinandersetzung.*
6. *Diskutieren Sie, ob unverfänglich gemeinte Äußerungen auf der Beziehungsebene falsch verstanden werden können. Suchen Sie passende Beispiele aus der Alltagskommunikation.*

1.4 Der kontrollierte Dialog

Der kontrollierte Dialog
Diskussionen drohen häufig aus sprachlichen, sachlichen und persönlichen Gründen oder Motiven zu scheitern. Mithilfe des sogenannten „kontrollierten Dialogs" ist es möglich, solche Missverständnisse zu verringern beziehungsweise zu vermeiden. Er beruht auf den folgenden Regeln:

a. Ein Redner darf erst dann seinen eigenen Standpunkt formulieren, wenn er zuvor den Standpunkt seines Vorredners mit eigenen Worten zusammengefasst und sich der Richtigkeit seiner Wiedergabe versichert hat.
b. Dies geschieht dadurch, dass der Vorredner entweder verbal (z. B. durch ein „Ja") oder nonverbal (durch Kopfnicken) die Richtigkeit bestätigt.
c. Erst danach äußert der Redner seinen eigentlichen Gesprächsbeitrag.

Rentner greift zur Gartenhacke
Ein Nachbarschaftsstreit in Aachen ist am Montagabend eskaliert. Ein 62-Jähriger schlug auf seinen 48-jährigen Kontrahenten mit der Gartenhacke ein.
Wenn der Grill raucht oder die Kinder im Garten toben, ist Streit vorprogrammiert. Gerade in der warmen Jahreszeit erhitzen sich die Gemüter besonders häufig. „Beim einen qualmt's, dem anderen stinkt's", fasst ein Polizeisprecher seine Erfahrungen zusammen.

Die Auseinandersetzung in Aachen betraf die Gestaltung des Gartens eines Mehrfamilienhauses, den die beiden Nachbarn gemeinsam nutzen. Der Streit eskalierte, der 62-jährige Mann griff schließlich zu einer Gartenhacke und schlug auf den Jüngeren ein. Der Rentner gab gegenüber einer Polizeistreife an, er sei angegriffen worden.

1. *Setzen Sie sich mit der Konfliktsituation auseinander, indem Sie*
   a. *sich in die Gedanken und Gefühle der Gesprächspartner hineinversetzen und die Situation spontan nachspielen,*
   b. *anschließend eine Liste mit Verhaltensregeln und Empfehlungen erstellen, die dabei hilft, in schwierigen Gesprächssituationen sachlich und konstruktiv zu bleiben.*
   c. *nach einem erneuten Rollenspiel unter Anwendung der von Ihnen entwickelten Regeln und Empfehlungen die Diskussionsverläufe miteinander vergleichen.*
2. *Erproben Sie die Technik des „kontrollierten Dialogs" an einer erdachten Konfliktsituation. Erörtern Sie im Stuhlkreis, welche Vor- und Nachteile mit dieser Gesprächstechnik einhergehen und in welchen Situationen sie hilfreich sein kann.*

1.5 Sprechabsichten verdeutlichen

Performative Verben				
kommissive	assertive	direktive	deklarative	expressive
versprechen, geloben, schwören, erlauben, garantieren, …	behaupten, feststellen, zustimmen, bestreiten, informieren, …	bitten, befehlen, auffordern, anordnen, beauftragen, …	ernennen, verurteilen, kündigen, taufen, …	danken, gratulieren, protestieren, loben, begrüßen, …

1. *Mithilfe sogenannter performativer Verben kann ein Sprecher seine Sprechabsichten dem Gesprächspartnern gegenüber verdeutlichen. Denken Sie sich eine alltägliche Konfliktsituation aus und gestalten Sie hierzu ein Rollenspiel. Im Spiel soll jede der streitenden Parteien ihre Absichten durch die Verwendung performativer Verben durchgängig deutlich machen.*
2. *Werten Sie die Szenen anschließend aus. Überlegen Sie, durch welche weiteren Verben und Konjunktionen Sprechabsichten verdeutlicht werden können. Stellen Sie diese nach dem Muster auf S. 47 zusammen und formulieren Sie Beispiele.*

Sprechabsichten verdeutlichen	
Sprachliches Mittel	**Beispiel**
Performative Verben	Ich kann Ihr Anliegen zwar *nachvollziehen*, *bestreite* aber die Richtigkeit Ihrer Annahmen. ...
Konjunktionen	*Während* Sie der Ansicht sind, dass ..., stehe ich auf dem Standpunkt, dass ...

1.6 Diskussionen strukturieren und visualisieren

Diskussionen strukturieren und visualisieren
Ein wirksames Hilfsmittel der Diskussion ist es, die Inhalte zu strukturieren und zu visualisieren. Für einen sachlichen und geordneten Diskussionsverlauf ist es hilfreich, einzelne Diskussionspunkte in stichwortartiger Form für alle sichtbar aufzuschreiben (z. B. auf Flipchart, Pinnwand, Overheadfolie).

Die Visualisierung
» wirkt als Gedächtnisstütze,
» verhindert einen sprunghaften Verlauf,
» erhöht die Aufmerksamkeit,
» fördert die Gelassenheit,
» vermindert Missverständnisse und
» versachlicht damit die Diskussion.

Messerstich nach Weihnachtsfeier

Nach Angaben der Polizei kam es am Donnerstagabend zu einer Auseinandersetzung vor einer Schule [...]. Gegen 20.30 Uhr fand in der [...] Schule [...] ein Weihnachtskonzert statt, zu dem auch Eltern gekommen waren. Anschließend gerieten zwei 16-Jährige, die als Ordner eingesetzt waren, auf dem Weg zur Straßenbahn in Streit.
Merlin T. trug einen Leuchtstab bei sich, der plötzlich kaputt ging. Aus dem Stab trat die Leuchtflüssigkeit aus, die er offenbar Mohammed D. an die Jacke schmierte. Daraufhin zückte dieser ein Messer und stach Merlin T. damit in den rechten Oberarm. Das Opfer erlitt Verletzungen an einer Schlagader und musste deshalb in einer Klinik notoperiert werden. Beide Jugendliche galten eigentlich als „gute Kumpel".
Nach Angaben der Polizei kehrte der Flüchtende etwa eine Stunde später zurück und gestand die Tat. Er wurde erkennungsdienstlich behandelt und anschließend seinen Eltern übergeben. Bei der Polizei war er bislang nicht als Gewalttäter registriert. Sie leitete ein Ermittlungsverfahren wegen gefährlicher Körperverletzung ein.
Schulleiterin Katrin Kundel schaltete den schulpsychologischen Dienst ein und informierte ihre Kollegen per Rundschreiben über den Vorfall. „Wir werden mit den Schülern darüber sprechen müssen, dass es ein Waffenverbot auch zum Schutz vor sich selbst gibt." Weiter sehe sich die Schulleitung veranlasst, dieses Waffenverbot „stärker als bisher zu kontrollieren."

(Nach Berliner Zeitung: Messerstich nach Weihnachtsfeier. 20.12.2008. URL: http://www.berlinonline.de/berliner-zeitung/spezial/dossiers/gewalt_an_schulen/117250/index.php. Zugriff: 30.8.2011)

1. *Diskutieren Sie unter Berücksichtigung des Zeitungsartikels in einer Pro-Contra-Diskussion (siehe S. 58), ob gewalttätige Jugendliche schon nach dem ersten Vorfall der Schule verwiesen werden sollten. Setzen Sie sich, entsprechend der jeweils vertretenen Pro- bzw. Contra-Position, paarweise gegenüber und argumentieren Sie, einige Minuten gegeneinander an. Versuchen Sie dabei, Gesprächspausen zu vermeiden.*
2. *Werten Sie Ihre Diskussionserfahrungen im Stuhlkreis aus: Hatten Sie ausreichend viele und gute Argumente? Worauf mussten Sie sich besonders konzentrieren? Ist es Ihnen schwer gefallen, gleichzeitig Ihrem Gegenüber zuzuhören und dabei an eigene Argumente zu bedenken? Wie empfanden Sie den eigenen Diskussionsstil und den Ihres Gegenübers?*
3. *Bestimmen Sie im Vorfeld einen Diskussionsleiter und eine kleine Beobachtergruppe. Diskutieren Sie im Plenum die Frage: „Fördern Computerspiele die Gewaltbereitschaft?"*
4. *Rekapitulieren und bewerten Sie mithilfe der Feststellungen der Beobachtergruppe den Verlauf und das Ergebnis Ihrer Diskussion im Stuhlkreis.*
5. *Beschäftigen Sie sich mit den Hinweisen im Informationskasten. Denken Sie sich eine inhaltliche Strukturierung für eine zweite Diskussionsrunde zum Thema „Intensives Computerspielen führt zu sozialer Armut" aus. Visualisieren Sie den geplanten Verlauf der Diskussion.*
6. *Führen Sie die Diskussion durch und erörtern Sie anschließend, welche Vor- und Nachteile mit der Gesprächsstrukturierung und -visualisierung einher gehen. Verständigen Sie sich darüber, inwiefern die Visualisierung hilfreich war.*

2. Reden

2.1 Formen des Überzeugens und Überredens

Formen des Überzeugens und Überredens

» probare (beweisen):
Der Redner versucht, mit Sachargumenten von der Wahrheit seines Standpunktes zu überzeugen und die Zuhörer zu veranlassen, ihm zuzustimmen.

» conciliare (in Einklang bringen):
Der Redner versucht, die Sympathien seiner Zuhörer zu gewinnen und sie so zu veranlassen, ihm zuzustimmen.

» movere (bewegen):
Der Redner versucht, die Emotionen zu erregen und sie so zu veranlassen, ihm zuzustimmen.

Über den Redner

In meinen Augen gibt es ja auch nichts Herrlicheres, als wenn man es vermag, die Menschen durch die Rede in seinen Bann zu schlagen, ihre Neigungen zu gewinnen, sie zu verleiten, wozu man will, und abzubringen, wovon man will. Das ist es, was allein bei jedem freien Volke und besonders in friedlichen, ruhigen Ländern stets eine überaus glanzvolle und beherrschende Bedeutung hatte. Was ist denn so bewundernswert, wie wenn aus einer unermesslich großen Zahl von Menschen ein einzelner hervortritt, der etwas, das von der Natur allen verliehen ist, alleine oder mit ganz wenigen auch zu verwirklichen vermag? Was ist so angenehm für Geist und Ohr wie eine mit verständigen Gedanken und wirkungsvollen Formulierungen geschmückte, ausgefeilte Rede? Was ist so machtvoll, so großartig, wie wenn ein aufgewühltes Volk, gewissenhafte Richter oder ein würdiger Senat sich von der Rede eines Mannes lenken lassen? [...] Wer wüsste denn nicht, dass die Wirkung eines Redners sich vor allem darin zeigt, dass er das Herz der Menschen sowohl zum Zorn, Hass oder Schmerz antreiben wie auch von diesen Regungen in eine Stimmung der Milde und des Mitleids zurückversetzen kann? Diese erwünschte Wirkung kann in seiner Rede nur der erreichen, der die natürliche Veranlagung der Menschen und das gesamte Wesen der menschlichen Natur sowie die Gründe, die Stimmungen erzeugen und in eine andere Richtung lenken, gründlich kennt. [...]

(Marcus Tullius Cicero: De oraotore / Über den Redner. Harald Merklin (Hg.). Reclam, Stuttgart 1991)

1. *Fassen Sie den Gedankengang Ciceros in eigenen Worten zusammen. Welche Bedeutung haben seine Darlegungen für die Gestaltung einer Rede und das Verhalten eines Redners seinem Publikum gegenüber?*

2. *Diskutieren Sie anhand von Beispielen, wo die Kunst des Überzeugens an ihre Grenzen stößt? Gibt es Mittel des Überredens, auf die ein Redner unbedingt verzichten sollte?*
3. *Angenommen, Sie müssen auf einer Bürgerversammlung eine Rede halten, in der Sie die Zuhörer von einem privaten Wachdienst an allen Schulen Ihrer Stadt überzeugen müssen. Erarbeiten Sie in Gruppen Redemanuskripte. Achten Sie bei der Ausgestaltung Ihrer Reden auf eine sinnvolle Verteilung der Formen des Überredens und Überzeugens (probare, conciliare, movere).*
4. *Tragen Sie einander Ihre Reden vor und diskutieren Sie, welche der gehaltenen Reden am wirkungsvollsten war.*

*Friedrich II.: Rede vor seinen Offizieren vor der Schlacht bei Leuthen**

Als Friedrich II. 1740 die Herrschaft in Preußen übernahm, verfolgte er das außenpolitische Konzept, Preußen eine führende Position in Europa zu verschaffen. Dies führte zu Kollisionen mit den Interessen Österreichs sowie infolge der Expansionspolitik Preußens zu mehreren Kriegen. Während des Siebenjährigen Krieges hielt Friedrich II. am 3. Dezember 1757, zwei Tage vor der entscheidenden Schlacht bei Leuthen, vor seinen Offizieren eine Ansprache.

Meine Herrn! Ich habe Sie hierher kommen lassen, um Ihnen ernstlich für die treuen Dienste, die Sie zeither dem Vaterlande und mir geleistet haben, zu danken. Ich erkenne sie mit dem gerührtesten Gefühl. Es ist beinahe keiner unter Ihnen, der sich nicht durch eine große und ehrerbringende Handlung ausgezeichnet hätte. Mich auf Ihren Muth und Erfahrung verlassend, habe ich den Plan zur Bataille gemacht, die ich morgen liefern werde und liefern muß. Ich werde gegen alle Regeln der Kunst einen beinahe zweimal stärkeren, auf Anhöhen verschanzt stehenden Feind angreifen. Ich muß es thun, oder es ist alles verloren. Wir müssen den Feind schlagen oder uns vor ihren Batterien alles begraben lassen. So denk ich, so werde ich auch handeln. Ist einer oder der andere unter Ihnen, der nicht so denkt, der fordere hier auf der Stelle seinen Abschied. Ich werde ihm selbigen ohne den geringsten Vorwurf geben.
Ich habe vermuthet, daß mich keiner von Ihnen verlassen würde; ich rechne nun also ganz auf Ihre treue Hilfe und auf den gewissen Sieg. Was ich Ihnen hier gesagt habe, sagen Sie Ihren Regimentern, und versichern Sie Ihnen dabei, ich würde ein jedes genau bemerken. [...] Das Cavallerie-Regiment, was nicht gleich, wenn es befohlen wird, sich *à corps perdu* in den Feind hineinstürzt, laß ich gleich nach der Bataille absitzen und mach es zu einem Garnison-Regiment. Das Bataillon Infanterie, was, es treffe auch, worauf es wolle, nur zu stocken anfängt, verliert die Fahnen und die Säbels, und ich laß ihnen die Borten von der Montirung schneiden. Nun leben Sie wohl, meine Herren, morgen um diese Zeit haben wir den Feind geschlagen, oder wir sehen uns nie wieder.

(Friedrich II.: Rede vor seinen Offizieren vor der Schlacht bei Leuthen. In: Gustav B. Volz (Hg.): Die Werke Friedrichs des Großen. Bd. 3. Hobbing, Berlin 1913, S. 224f.)

5. *Prüfen Sie, welcher Mittel des Überzeugens und Überredens sich Friedrich II. in dieser Ansprache bedient, indem Sie in unterschiedlichen Farben markieren, welche Stellen der Rede sich den rhetorischen Grundmustern probare, conciliare und movere zuordnen lassen.*

2.2 Kurzreden strukturieren

Grundmodell einer Rede (linearer Fünfsatz)

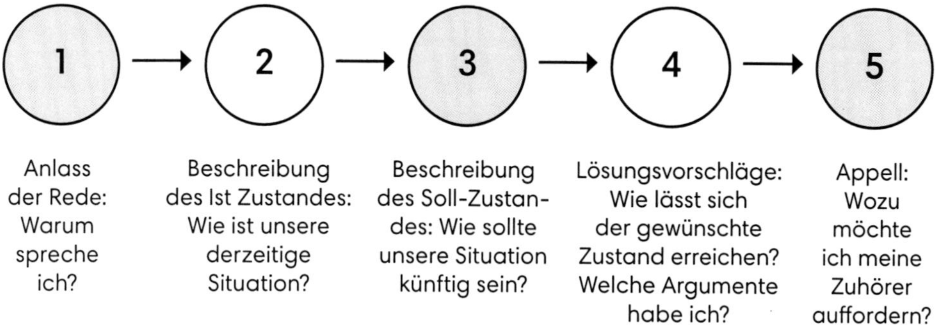

Grundmodell einer Rede (dialektischer Fünfsatz):

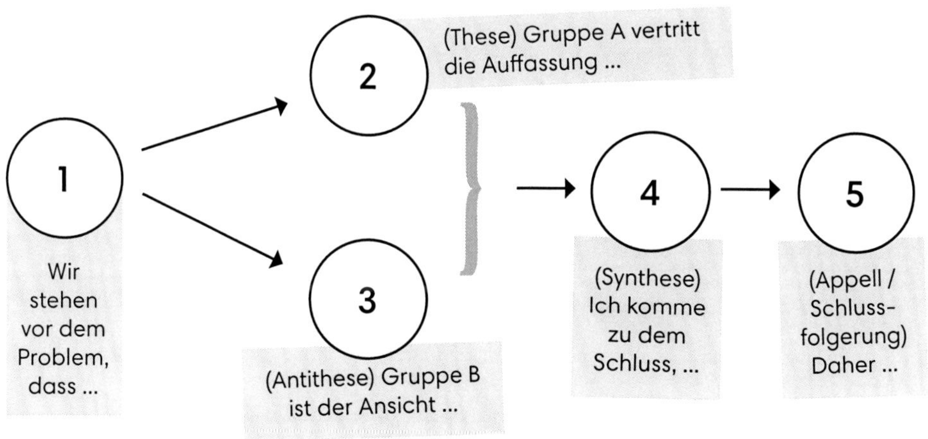

1. *Verfassen Sie nach dem Muster des linearen Fünfsatzes eine kurze Rede zu einem beliebigen, kontrovers diskutiertem Thema.*
2. *Tragen Sie sich Ihre Kurzreden vor und diskutieren Sie deren Qualität.*
3. *Entwickeln Sie zu einer der vorgetragenen Reden eine Gegenrede mithilfe des dialektischen Fünfsatzes. Verdeutlichen Sie dabei sprachlich präzise gedankliche Gegenüberstellungen und argumentative Verknüpfungen.*

Mögliche Gegenüberstellungen

Vorteile - Nachteile, Kosten - Nutzen, Ist - Soll, Gegner - Befürworter, die einen - die anderen ...

Hilfreiche Konjunktionen

und, sowie, sowohl ... als auch, weder ... noch, oder, beziehungsweise, entweder ... oder, aber, allein, (je)doch, sondern, während, damit, dass, um ... zu, denn, da, weil, zumal, falls, wenn, sofern, sodass, als dass, um ... zu, ohne ... dass, obschon, obgleich, wenn ... auch, wiewohl, indem, ohne dass, insofern, je .. desto, wie ...

Formulierung des eigenen Standpunkts

Deswegen komme ich zu dem Schluss ..., Ich fordere Sie daher auf ...; Ich sehe folgende Kompromissmöglichkeit ...; Sollten wir es stattdessen nicht einmal auf diesem Weg versuchen?, Mein /Unser Vorschlag lautet daher ...

---

*Tischreden**

Eines guten Redners Amt oder Zeichen ist, daß er aufhöre, wenn man ihn am liebsten höret und meinet, er werde erst kommen; wenn man ihn aber mit Überdruß und Unwillen höret und wollte gern, daß er aufhörete und zum Ende und Beschluß käme, das ist ein böses Zeichen.

(Martin Luther: Tischreden. In: F. W. Lomler, G. F. Lucius u. a. (Hg.): Geist aus Luther's Schriften oder Concordanz der Ansichten und Urtheile des großen Reformators über die wichtigsten Gegenstände des Glaubens, der Wissenschaft und des Lebens. Bd. 3. Leske, Darmstadt 1830, S. 1035)

3. *Geben Sie das Zitat von Martin Luther in eigenen Worten wieder.*
4. *Verfassen Sie Kurzreden zum Zustand der Redekultur (in Ihrer Klasse, an Ihrer Schule, ...). Orientieren Sie sich dabei am Gliederungsschema im Kasten.*

2.3 Kriterien einer gelungenen Rede

Grundschema einer Kurzrede

1. Einleitung	2. Hauptteil	3. Schluss
Sage, was du sagen willst.	Sage, was du zu sagen hast.	Sage, was du gesagt hast.

Ratschläge für einen schlechten Redner

Fang nie mit dem Anfang an, sondern immer drei Meilen *vor* dem Anfang! Etwa so: „Meine Damen und meine Herren! Bevor ich zum Thema des heutigen Abends komme, lassen Sie mich Ihnen kurz ...“ Hier hast du schon ziemlich alles, was einen schönen Anfang ausmacht: eine steife Anrede; der Anfang vor dem Anfang; die Ankündigung, dass und was du zu sprechen beabsichtigst, und das Wörtchen kurz. So gewinnst du im Nu die Herzen und Ohren der Zuhörer. Sprich nicht frei – das macht einen so unruhigen Eindruck. Am besten ist es: du liest deine Rede ab. Das ist sicher, zuverlässig, auch freut es jedermann, wenn der lesende Redner nach jedem viertel Satz misstrauisch hochblickt, ob auch noch alle da sind. Sprich, wie du schreibst. Und ich weiß, wie du schreibst. Sprich mit langen, langen Sätzen - solchen, bei denen du, der du dich zu Hause, wo du ja die Ruhe, deren du so sehr benötigst, deiner Kinder ungeachtet, hast, vorbereitest, genau weißt, wie das Ende ist, die Nebensätze schön ineinander geschachtelt, so dass der Hörer, ungeduldig auf seinem Sitz hin und her träumend, sich in einem Kolleg wähnend, in dem er früher so gern geschlummert hat, auf das Ende solcher Periode wartet ... nun, ich habe dir eben ein Beispiel gegeben. So musst du sprechen. Fang immer bei den alten Römern an und gib stets, wovon du auch sprichst, die geschichtlichen Hintergründe der Sache. Du hast ganz recht: man versteht es ja sonst nicht, wer kann denn das alles verstehen, ohne die geschichtlichen Hintergründe ... sehr richtig! Die Leute sind doch nicht in deinen Vortrag gekommen, um lebendiges Leben zu hören, sondern das, was sie auch in Büchern nachschlagen können ... sehr richtig! Immer gib ihm Historie, immer gib ihm. [...] Trink den Leuten ab und zu ein Glas Wasser vor - man sieht das gern. Wenn du einen Witz machst, lach vorher, damit man weiß, wo die Pointe ist. Eine Rede ist, wie könnte es anders sein, ein Monolog. Weil doch nur einer spricht. Du brauchst auch nach vierzehn Jahren öffentlicher Rednerei noch nicht zu wissen, dass eine Rede nicht nur ein Dialog, sondern ein Orchesterstück ist: eine stumme Masse spricht nämlich ununterbrochen mit. Und das musst du hören. Nein, das brauchst du nicht zu hören. Sprich nur, lies nur, donnere nur, geschichtele nur. Zu dem, was ich soeben über die Technik der Rede gesagt habe, möchte ich noch kurz bemerken, dass viel Statistik eine Rede immer sehr hebt. Das beruhigt ungemein, und da jeder imstande ist, zehn verschiedene Zahlen mühelos zu behalten, so macht das viel Spaß. Kündige den Schluss deiner Rede lange vorher an, damit die Hörer vor Freude nicht einen Schlaganfall bekommen. Kündige den Schluss an, und dann beginne deine Rede von vorn und rede noch eine halbe Stunde. Dies kann man mehrere Male wiederholen. Du musst dir nicht nur eine Disposition machen, du musst sie den Leuten auch vortragen - das würzt die Rede. Sprich nie unter anderthalb Stunden, sonst lohnt es sich gar nicht erst anzufangen. Wenn einer spricht, müssen die andern zuhören - das ist deine Gelegenheit! Missbrauche sie.

(Kurt Tucholsky: Ratschläge für einen schlechten Redner. In: Mary Gerold-Tucholsky, Fritz J. Raddatz (Hg.): Gesammelte Werke. Bd. 3. Rowohlt, Reinbek 1960, S. 600)

1. *Unterstreichen Sie in Tucholskys Satire alle „Ratschläge", die vielfach der Grund dafür sind, dass eine Rede misslingt. Erstellen Sie eine Liste der fünf größten Fehler, die ein Redner begehen kann.*

2.4 Einen Redebeitrag gliedern

Die Grundstruktur einer Rede:
a. Exordium (Einleitung)
b. Narratio (Erzählung des Tathergangs, Ereignisses, Erläuterung der Situation, Darstellung des Sachverhaltes)
c. Argumentatio (Beweisführung/Argumentation)
d. Peroratio (Abschluss)

Das gewaltlose Wesen der Macht

Über Macht verfügt niemals ein Einzelner; sie ist im Besitz einer Gruppe und bleibt nur solange existent, als die Gruppe zusammenhält. Wenn wir von jemand sagen, er „habe die Macht", heißt das in Wirklichkeit, dass er von einer bestimmten Anzahl von Menschen ermächtigt ist, in ihrem Namen zu handeln. In dem Augenblick, in dem die Gruppe, die den Machthaber ermächtigte und ihm ihre Macht verlieh [...], auseinandergeht, vergeht auch „seine Macht". [...] Stärke, im Gegensatz zu Macht, kommt immer einem Einzelnen, sei es Ding oder Person, zu. Sie ist eine individuelle Eigenschaft [....]. Stärke hält der Macht der Vielen nie stand; der Starke ist nie am mächtigsten allein, weil auch der Stärkste Macht gerade nicht besitzt. Wo der Starke mit der Macht der Vielen zusammenstößt, wird er immer durch die schiere Zahl überwältigt, die sich oft nur darum zusammenschließt, um mit der Stärke eigentümlichen Unabhängigkeit fertig zu werden. [...]. Gewalt [...] steht dem Phänomen der Stärke am nächsten, da die Gewaltmittel, wie alle Werkzeuge, dazu dienen, menschliche Stärke beziehungsweise die der organischen „Werkzeuge" zu vervielfachen, bis das Stadium erreicht ist, wo die künstlichen Werkzeuge die natürlichen ganz und gar ersetzen.

(Hannah Arendt: Das gewaltlose Wesen der Macht. In: Panajotis Kondylis (Hg.): Der Philosoph und die Macht. Eine Anthologie. Junius, Hamburg 1992, S. 237f.).

1. *Setzen Sie sich mit Hannah Arendts Gedanken über den Zusammenhang von „Macht", „Stärke" und „Gewalt" auseinander. Fertigen Sie nach dem Muster auf S. 56 eine Tabelle an und übertragen Sie Ihnen wichtig erscheinende Gedanken zunächst wortwörtlich, anschließend in eigener Formulierung.*

Hannah Arendts Verständnis der Begriffe	
Macht	Zitat:
	Eigene Formulierung:
Stärke	Zitat:
	Eigene Formulierung:
Gewalt	Zitat:
	Eigene Formulierung:

2. *Entwickeln Sie eine Rede zum Thema „Gewalt unter Jugendlichen". Orientieren Sie sich dabei an der klassischen Gliederung einer Rede (Exordium – Narratio – Argumentatio –Peroratio) und notieren Sie auf Karteikarten zu jedem Gliederungspunkt Stichworte.*

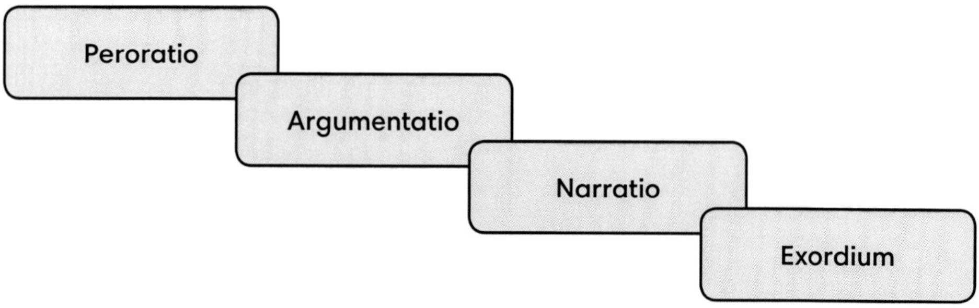

3. *Tragen Sie sich Ihre Reden gegenseitig vor.*
4. *Diskutieren Sie anschließend die Qualität der Reden. Halten Sie auf einem Plakat fest, worauf bei der Ausgestaltung der vier Redeteile immer geachtet werden sollte.*

3. Debattieren

3.1 Formen der Debatte

Die Debatte

Eine Debatte (franz.: *débattre*: (nieder-)schlagen) ist ein Streitgespräch, das im Unterschied zur Diskussion formalen Regeln folgt und in der Regel der inhaltlichen Vorbereitung einer Abstimmung dient. In einer Debatte werden die Für- und Gegen-Argumente einer These in kurzen Reden vorgetragen. Das Ziel des Debattenredners ist es, die Zuhörer von den eigenen Argumenten zu überzeugen. Deshalb zeichnet sich ein guter Redner nicht nur durch gute Argumente, sondern auch durch überzeugende rhetorische Fähigkeiten aus.

Formen des Debattierens
Podiumsdiskussion
Fernsehdiskussion
Parlamentarische Debatte

1. *Arbeiten Sie heraus, worin sich die Formen der Debatte unterscheiden und welche Zielsetzungen die Diskutanten jeweils verfolgen.*
2. *Bereiten Sie in Gruppenarbeit je eine Diskussion in den verschiedenen Formen der Debatte zu der These „Politiker nutzen die Teilnahme an Fernsehdiskussionen nur zur Selbstdarstellung" als Rollenspiel vor. Berücksichtigen Sie die unterschiedlichen Rahmenbedingungen und achten Sie auf die Wahl der rhetorischen Mittel.*
3. *Führen Sie Ihre Rollenspiele vor. Prüfen Sie, ob es Ihnen gelungen ist, den Ablauf der jeweiligen Debatteform korrekt wiederzugeben sowie, ob sich die Gesprächsteilnehmer situationsangemessen verhalten haben.*
4. *Als Diskussionsleiter spielt der Moderator einer Debatte eine besondere Rolle.*

Überlegen Sie, welche Aufgaben er hat und wodurch das Gesprächsverhalten eines Moderators gekennzeichnet sein sollte.
5. *Nehmen Sie an, Sie wären der Intendant einer Fernsehanstalt. Verfassen Sie eine Stellenausschreibung, in der Sie nach einem Moderator für eine politische Diskussionssendung suchen.*

3.2 Die Pro- und Contra-Diskussion

Eine Pro- und Contra-Diskussion planen und durchführen
Die Pro-Contra-Diskussion ist eine Form des kontrollierten Dialoges. Das Grundmodell folgt diesen Regeln:
a. Die Kursgruppe wird in zwei Gruppen geteilt, die entgegengesetzte Positionen vertreten.
b. Es wird eine Beobachtergruppe, bestehend aus drei Schülern, gebildet.
c. Jede der beiden Gruppen sammelt Argumente und Beispiele für ihre Position und notiert diese.
d. Die Gruppenmitglieder setzen sich nach Gruppen getrennt gegenüber.
e. Ein Vertreter der Pro-Gruppe eröffnet die Diskussion und ein Vertreter der Contra-Gruppe antwortet.
f. Die Auswertung der Diskussion findet im Stuhlkreis statt und wird von der Beobachtergruppe moderiert.

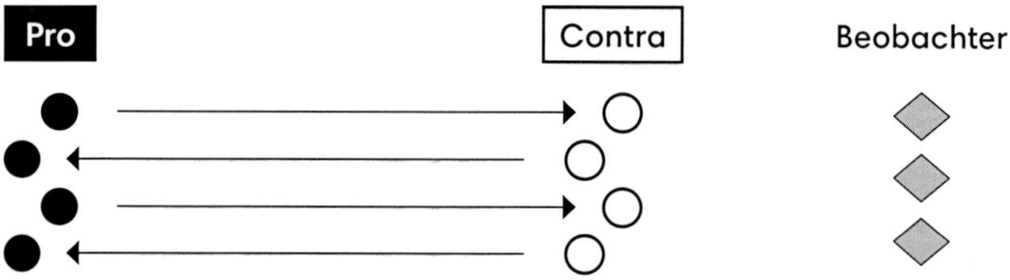

Um möglichst viele Mitglieder der Pro- und Contra-Gruppen zu Wort kommen zu lassen, kann vereinbart werden, dass in der Reihenfolge der nebeneinander Sitzenden gesprochen werden soll.

Mobbing
Der Begriff Mobbing stammt aus dem Englischen und bedeutet anpöbeln, fertigmachen (mob = Pöbel, mobbish = pöbelhaft). Mobbing ist eine Form von Gewalt gegen Personen, die über längere Zeit mit dem Ziel der sozialen Ausgrenzung ausgeübt wird. Es kann sich dabei um verbale oder physische Gewalt handeln. Typische Mobbinghandlungen sind die Verbreitung falscher Tatsachen, Gewaltandrohung, soziale Isolation oder ständige Kritik.
Mobbing unter Schülern bezeichnet alle böswilligen Handlungen, die kein anderes Ziel haben, als eine Mitschülerin oder einen Mitschüler fertig zu machen. Dazu gehören:
» als direktes Mobbing: Hänseln, Drohen, Abwerten, Beschimpfen, Herabsetzen, Bloßstellen, Schikanieren
» als indirektes Mobbing: Ausgrenzen, Ruf schädigen, „Kaltstellen“ durch das Vorenthalten von Informationen und Beschädigen von Eigentum der gemobbten Person u. ä.
Davon unterschieden wird das Bullying, die unter Jugendlichen praktizierte physische Gewalt, mit der bestimmte Opfer durch körperlich überlegene Mitschüler gequält werden.

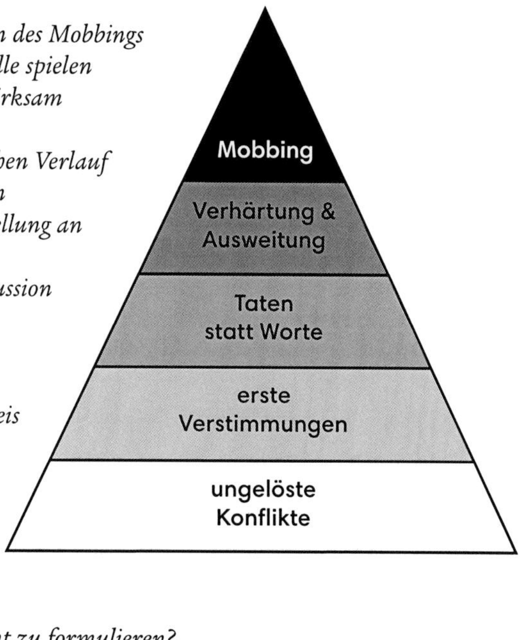

1. *Diskutieren Sie, ob und welche Formen des Mobbings oder Bullyings an Ihrer Schule eine Rolle spielen sowie was getan werden müsste, um wirksam dagegen zu vorzugehen.*
2. *Legen Sie an einem Beispiel den typischen Verlauf einer Mobbing- oder Bullying-Situation dar. Orientieren Sie sich bei der Darstellung an der „Mobbing-Pyramide“.*
3. *Planen Sie eine Pro- und Contra-Diskussion zur Frage, ob Mobbing- und Bullying überhaupt wirksam bekämpft werden können.*
4. *Werten Sie Ihre Diskussion im Stuhlkreis aus. Gehen Sie dabei auf folgende Punkte ein:*
   a. *Ist es Ihnen schwer gefallen, ständig zu argumentieren?*
   b. *Ist es Ihnen gelungen, gleichzeitig Ihrem Gegenüber zuzuhören und das eigene Argument zu formulieren?*
   c. *Verlief die Diskussion insgesamt fair oder unsachlich?*
   d. *Machte sich das Fehlen eines Moderators positiv oder negativ bemerkbar?*
   e. *Worauf würden Sie bei einer Wiederholung der Diskussion besonders achten?*

3.3 Die Podiumsdiskussion

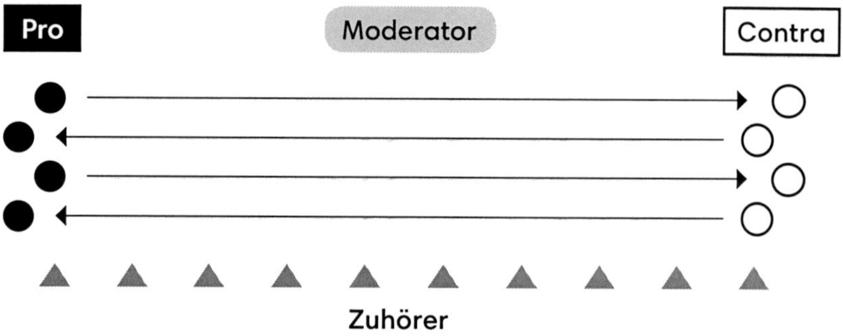

Planung und Vorbereitung einer Podiumsdiskussion
Bei einer Podiumsdiskussion werden konträre Positionen einander gegenübergestellt. In einem moderatorgeleitetem Gespräch werden Gegensätze herausgearbeitet und Möglichkeiten einer Annäherung gesucht. Die Zuhörer bekommen im Verlauf der Diskussion Gelegenheit, sich in das Gespräch einzuschalten.
Der Moderator achtet darauf, dass durch Fragen aus dem Publikum das Gespräch nicht auf Einzelne zentriert wird oder in ein anderes Themenfeld führt. Die Diskutanten sollten hinsichtlich Sachkenntnis, Prominenz, Platz innerhalb der Hierarchien ihrer Institutionen und Redegewandtheit etwa gleichstark sein. Das Thema ist präzise, aber nicht zu eng zu formulieren.
Eine Podiumsveranstaltung ist so angelegt, dass das Podium dem Publikum gegenüber sitzt. Dafür sind entsprechende Vorbereitungen (Raumgestaltung, Mikrofon, Namensschilder) zu treffen.
Striktes Gebot für die Diskussionsleitung ist deren Neutralität während der Veranstaltung. Ein guter Gesprächsleiter würzt die Debatte mit Sachwissen und provokanten Fragen. Er muss die Positionen der Diskutierenden gut kennen. Es empfiehlt sich, Stichwortzettel vorzubereiten: Einen mit Fakten und Hintergrundinformationen, den anderen mit Fragen, die den Teilnehmern gestellt werden sollen.
Die Diskussion beginnt mit einem kurzen (nicht länger als vier Minuten) Problemaufriss durch den Moderator. Dieser darf jedoch nicht zu einer Selbstdarstellung des Diskussionsleiters werden: Auch sollten darin keine Antworten vorweggenommen werden. Jeder Diskutant bekommt die Möglichkeit zu einem dreiminütigem Statement. Daraus ergibt sich das Gespräch, indem der Moderator Trennendes und Verbindendes herausstellt und mit dem Ziel weiterfragt, die Standpunkte zu präzisieren oder eine Annäherung herbeizuführen. Nach max. einer Stunde soll das Publikum in das Gespräch einsteigen. Zu verhindern sind „Gegenreferate“ aus dem Publikum. Stattdessen sollte es Nachfragen stellen oder Widersprüche aufgezeigen. Die Abschlussrunde gibt jedem Podiumsteilnehmer Gelegenheit zu einem persönlichen

Fazit. Das fasst der Moderator aus seiner Sicht abschließend noch sehr knapp zusammen. Eine Podiumsdiskussion sollte nicht länger als zwei Stunden dauern.
Oftmals ist die Anzahl der Diskutanten im Podium zu groß. Das Gespräch gelingt besser, wenn höchstens vier Positionen vertreten sind. Es empfiehlt sich, vor der eigentlichen Veranstaltung zwei Vorbesprechungen durchzuführen: eine mit jedem einzelnen, und die zweite ca. eine halbe Stunde vor der Veranstaltung mit allen zusammen. Dabei werden Verlauf und Regeln geklärt. Zudem hat so die erste Kontaktaufnahme der Diskutanten bereits stattgefunden, was für das Gesprächsklima von Bedeutung ist. Denkbar ist auch, ca. eine Woche vorher ein Thesenpapier zu schicken. Kleine Hilfsmittel wie etwa eine Eieruhr können verhindern, dass Einzelne ihre Redezeiten überziehen. Sinnvoll ist es auch, nicht auf jeden Beitrag aus dem Publikum sofort zu reagieren, sondern die Anfragen zu bündeln oder als schriftliche Anfragen an die Moderation zu leiten. Dann müssen Karten vorbereitet und vor der Veranstaltung verteilt werden.

(Frei nach Klaus Peter Hufer: Planung und Vorbereitung einer Podiumsdiskussion. URL: http://www.sowi-online.de/methoden/lexikon/podiumsdiskussion-hufer.htmhttp://www.sowi-online.de/praxis/methode/podiumsdiskussion.html. Zugriff: 30.8.2011)

1. Informieren Sie sich mithilfe des voranstehenden Textes über den besonderen Charakter und über Planungs- und Durchführungsaspekte einer Podiumsdiskussion und gestalten Sie eine Übersicht (Plakat, Flyer etc.), die über die folgenden Aspekte informiert:
a. Kurzdefinition,
b. Verlauf einer Podiumsdiskussion in ihren wesentlichen Etappen,
c. Aufgaben des Moderators und Anforderungen an den Moderator,
d. Aufgaben der Veranstalter und wichtige Planungsaspekte,
e. Praktische Hinweise

Podiumsdiskussion: Jugendgewalt und die Rolle des Islam

Inwieweit hängen Religiosität und Jugendgewalt zusammen? Die im Juni 2010 erschienene Studie „Kinder und Jugendliche in Deutschland: Gewalterfahrungen, Integration, Medienkonsum" des Kriminologischen Forschungsinstituts Niedersachsen (KFN) hat mit ihrer Aussage über die Verbindung von Religion und Gewaltbereitschaft bei männlichen, muslimischen Jugendlichen für viel Aufsehen gesorgt. Jetzt haben die Doktorandinnen und Doktoranden des Hans-Böckler-Forschungskollegs „Migration und Soziale Ungleichheit" an der „Bremen International Graduate School of Social Sciences" (BIGSSS) der Uni Bremen eine Podiumsdiskussion organisiert, bei der der Direktor des KFN, Professor Christian Pfeiffer, die Befunde zu Religiosität und Gewalt bei Jugendlichen vorstellt.
Welche Zusammenhänge zwischen Religiosität und Jugendgewalt können in der Studie tatsächlich nachgewiesen werden? Und was bedeutet das für die Integration von Muslimen in Deutschland? Annähernd 45.000 Jugendliche wurden für die Studie zu ihrer Religiosität, ihren Einstellungen und Verhaltensweisen befragt. Auf dieser

Grundlage wurde bei männlichen, muslimischen Jugendlichen ein Zusammenhang zwischen Gewaltverhalten und Religiosität festgestellt: Je stärker die Bindung an den Islam, desto höher ist ihre Neigung zu gewalttätigem Verhalten. Bei Jugendlichen anderer Konfessionen konnte dieser Effekt hingegen nicht nachgewiesen werden. Eine Ursache für die erhöhte Gewaltbereitschaft junger, praktizierender Muslime sieht Pfeiffer in der Rolle der Imame in Deutschland, die für die Vermittlung der Glaubensinhalte des Islams zuständig sind. „Die Imame leisten einen erheblichen Beitrag zur Akzeptanz Gewalt legitimierender Männlichkeitsnormen und fördern die Zuwendung zu gewalthaltigen Medieninhalten", so Pfeiffer. Vor allem islamische Verbände kritisieren die Studie stark. Sie weisen den Zusammenhang von Gewalttätigkeit und islamischem Glauben vehement zurück.

(Nach Florian Puschmann: Jugendgewalt und die Rolle des Islam. 5.11.2010. URL: http://www.uni-bremen.de/universitaet/presseinfos/pressemitteilungen/einzelanzeige/article/podiumsdiskussion-jugendgewalt-und-die-rolle-des-islam.html?cHash=485712b7b9da3235218d55e43dcc3905. Zugriff: 4.1.2011)

2. *Analysieren Sie die Pressemitteilung im Hinblick auf wesentliche Gestaltungsmittel, indem Sie diese in einer Tabelle erfassen und mit Beispielen aus dem Text belegen.*
3. *Legen Sie dar, welche Erwartungen diese Pressemitteilung bei Ihnen hinsichtlich des möglichen Verlaufs der Podiumsdiskussion weckt: Macht Sie die Presseankündigung neugierig auf die Veranstaltung? Würden Sie in Erwägung ziehen, diese zu besuchen? Begründen Sie Ihren Standpunkt in schriftlicher Form.*
4. *Haben Sie den Eindruck, dass diese Podiumsdiskussion sorgfältig und fachkundig vorbereitet wurde? Prüfen Sie diese Frage, indem Sie Ihre Ergebnisse aus Aufgabe 2 erörtern.*
5. *Planen Sie eine Podiumsdiskussion zu einem Aspekt des Phänomens der Jugendgewalt an Ihrem Wohnort.*
   a. *Grenzen Sie im ersten Schritt die Themenstellung ein und formulieren Sie diese in prägnanter Form. Beachten Sie hierzu die im Text „Planung und Vorbereitung einer Podiumsdiskussion" gegebenen Hinweise.*
   b. *Legen Sie fest, welche Rollen die Kursteilnehmer übernehmen sollen (z. B. Pädagogen, Politiker, Schüler, Eltern ...). Legen Sie fest, wer die Diskussion moderieren wird.*
   c. *Erarbeiten Sie dann in Untergruppen die jeweiligen Rollenprofile, auch das des Moderators. Legen Sie die grundsätzliche Haltung der Diskutanten fest und notieren Sie wichtige Argumente und Beispiele skizzenhaft auf Karteikarten. Planen Sie anschließend den genauen Verlauf Ihrer Podiumsdiskussion.*
   d. *Formulieren Sie für Ihre Podiumsdiskussion nach dem Grundmuster der Pressemitteilung der Universität Bremen eine Veranstaltungsankündigung.*
   e. *Führen Sie nun im Rahmen Ihrer Kursgruppe die Podiumsdiskussion durch und besprechen Sie nach Beendigung der Diskussion, ob es den Diskutanten gelungen ist, ihre Standpunkte überzeugend darzulegen.*
   f. *Reflektieren Sie Ergebnis und Verlauf der Diskussion. Beurteilen Sie auch das Verhalten von Moderator und Zuhörern.*

3.4 Jugend debattiert

Eine Debatte planen

Debattieren heißt: Position beziehen, Gründe nennen, Kritik vortragen - gegen- und miteinander.

„Jugend debattiert" ist ein Projekt zur sprachlich-politischen Bildung an weiterführenden Schulen in Deutschland. Im Mittelpunkt steht ein bundesweiter Wettbewerb, der Schülerinnen und Schüler der Klassen 8-10 und 11-13 aller Schularten zum Debattieren einlädt.

» **Dreiteilige Debatte**
Jede Debatte bei „Jugend debattiert" gliedert sich in drei Teile: Eröffnungsrunde - Freie Aussprache - Schlussrunde. Debattiert wird zu viert. Einen Gesprächsleiter gibt es nicht.

» **Soll-Fragen**
Debattiert werden politische Streitfragen, die Schüler interessieren. Jede Frage ist so gestellt, dass sie nach einer konkreten Maßnahme fragt und nur mit „ja" (= pro) oder „nein" (= contra) beantwortet werden kann.

» **Freiheit der Meinungsäußerung**
Zwei sprechen sich für, zwei gegen das Gefragte aus. In der Schlussrunde hat jeder die Streitfrage noch einmal, jetzt im Lichte der eben geführten Aussprache, zu beantworten. Dabei darf er seine Meinung ändern.

» **Eröffnungsrunde**
In der Eröffnungsrunde hat jeder Debattierer die Debattenfrage aus seiner Sicht begründet zu beantworten. Zwischenfragen sind nicht erlaubt. Pro beginnt (Redezeit jeweils 2 Minuten).

» **Freie Aussprache**
In der Freien Aussprache wird die Debatte im Wechsel fortgesetzt. Die Reihenfolge der Debattenbeiträge müssen die Debattierer unter sich aushandeln (Gesamtdauer: 12 Minuten).

» **Schlussrunde**
In der Schlussrunde reden die Debattierer in der gleichen Reihenfolge wie in der Eröffnungsrunde. Zwischenfragen sind nicht erlaubt (Redezeit jeweils 1 Minute, d. h. Gesamtdauer 4 Minuten).

Jugend debattiert: Schlagende Argumente bei Hamburgs Nachwuchspolitikern

Sachkenntnis, Ausdrucksfähigkeit und Überzeugungskraft sind drei der Kriterien, die von der Jury beim heutigen Landesfinale von „Jugend debattiert" beurteilt wurden. Zu hören waren schlagende Argumente der vier Finalisten in zwei spannenden Debatten. Tobias Lentzler vom Gymnasium Hochrad überzeugte die Jury und das Publikum bei der Debatte zum Thema „Sollen auf deutschen Flughäfen Sicherheitskontrollen mit Körperscannern eingeführt werden?", dem Thema für die Klassenstufen 8 bis 10. Mit seiner Argumentation gegen die neuen Geräte holte er das Publikum im großen Festsaal des Hamburger Rathauses gleich mit ins Boot. Die Debatte für die Klassen 11 bis 13 entschied Manuel Holtmann vom Gymnasium Kaiser-Friedrich-Ufer für sich. Sein schlüssiges und schlagfertiges Auftreten am Rednerpult beim Thema „Soll die Freie und Hansestadt Hamburg der Gentrifizierung des Schanzenviertels gezielt entgegenwirken?" entlockte der Jury großes Lob. [...]
Ein besonderer Wunsch der Senatorin für Schule und Berufsbildung Christa Goetsch gilt der weiteren Entwicklung des Wettbewerbes: „Mein Wunsch ist, dass der Wettbewerb „Jugend debattiert" weiterhin lebendig bleibt und weitergetragen wird. Es ist sinnvoll zu lernen, seine eigene Meinung klar und logisch zu formulieren. Das ist wichtig für den Beruf, das Studium und für das gesamte Leben."

(Simone Wendorff: Jugend debattiert. Schlagende Argumente bei Hamburgs Nachwuchspolitikern. 20.4.2010. URL: http://www.altona.info/2010/04/20/jugend-debattiert-schlagende-argumente-bei-hamburgs-nachwuchspolitikern/; Zugriff: 30.8.2011)

1. *Informieren Sie sich anhand des Zeitungsartikels und des Merkkastens über den Wettbewerb „Jugend debattiert". Verfassen Sie anschließend einen Artikel für die Schülerzeitung, in dem Sie über die Zielsetzung, wesentliche Elemente und den Ablauf des Wettbewerbs informieren.*

2. *Diskutieren Sie, ob die zu Beginn des Artikels erwähnten Kriterien zur Beurteilung eines Debattenredners ausreichend sind, um diesen angemessen einzuschätzen. Ergänzen Sie den Kriterienkatalog gegebenenfalls um weitere Aspekte und legen Sie fest, wie Sie die Beurteilungskriterien gewichten würden.*
3. *Planen Sie selbst eine Debatte nach den Regeln von „Jugend debattiert" zu einem Thema Ihrer Wahl. Führen Sie anschließend die Debatte durch und entscheiden Sie, welches Team und welcher Einzelredner Ihrer Auffassung nach den Wettbewerb gewonnen hat. Entscheiden Sie über Sieg oder Niederlage anhand der festgelegten Kriterien.*

3.5 Debattieren im House of Commons

House auf Commons

Das Parlament des Vereinigten Königreich ist ein britisches Verfassungsorgan. Es besteht aus zwei Kammern, dem House of Commons und dem House of Lords, die beide im Westminsterpalast in London tagen.

Zu beiden Seiten der Kammer befinden sich Bänke, die durch einen Mittelgang geteilt sind. Am Kopfende der Kammer befindet sich der Stuhl des Speakers, die Regierungsmitglieder haben ihre Plätze auf den Bänken zu seiner Rechten, ihnen gegenüber befinden sich die Oppositionsbänke.

Das Haus der Gemeinen in London.

Vor den Bankreihen zu beiden Seiten befindet sich auf dem Teppich je eine rote Linie, die einen Abstand von zwei Schwertlängen aufweisen. Diese Linien dürfen von den Abgeordneten nicht überschritten werden.

Minister der Regierung und wichtige Oppositionsführer sitzen auf den vorderen Bänken. Sie werden als Vorderbänkler (Frontbenchers) bezeichnet, die anderen. Parlamentsmitglieder werden Hinterbänkler (Backbenchers) genannt.
Während der Debatten dürfen die Abgeordneten erst das Wort ergreifen, nachdem es ihnen vom Speaker erteilt wurde. Der Speaker erteilt dabei abwechselnd den Mitgliedern der Regierung und der Opposition das Rederecht, wobei dem Premierminister beziehungsweise dem Oppositionsführer ein vorrangiges Rederecht eingeräumt wird.
Zu den weiteren Aufgaben des Speakers gehört es, auf die Einhaltung der Parlamentsregeln zu achten und bei Zuwiderhandlungen Verwarnungen und Strafen auszusprechen. Gegen die Anweisungen des Speakers zu verstoßen, wird als grobe Missachtung der Hausregeln angesehen, im Falle schwer wiegender Verstöße hat der Speaker das Recht, einzelne Abgeordnete von der Debatte auszuschließen oder die Debatte ohne Abstimmung zu vertagen.
Im Regelfall mündet eine Debatte in die Abstimmung über den zur Debatte stehenden Antrag. Das Unterhaus stimmt zunächst mündlich ab (voice vote), nachdem der Speaker den Antrag verlesen hat, indem die Abgeordneten entweder zustimmend mit „Aye“ oder ablehnend mit „No“ antworten, woraufhin der Speaker das Ergebnis verkündet. Sollte das Ergebnis der Abstimmung von einem Abgeordneten angezweifelt werden, kommt es zu einer Abstimmung im sogenannten Hammelsprungverfahren, ein auch im Deutschen Bundestag übliches Verfahren, um Aufklärung über ein unklares Abstimmungsergebnis zu erzielen.
Der Antrag eines Abgeordneten, ein solches Verfahren durchzuführen, kann vom Speaker abgelehnt werden, sofern er von der Eindeutigkeit des Abstimmungsergebnisses überzeugt ist. Im Falle der Durchführung des Hammelsprunges werden in den beiden Vorräumen des Houes of Commons die Namen der Abgeordneten von Sekretären aufgenommen. Die Stimmzettel werden dann den sogenannten „Tellers“ (Berichterstattern) übergeben, deren Aufgabe es ist, die Stimmen auszuzählen und das Stimmergebnis dem Speaker mitzuteilen, der es anschließend dem Parlament anschließend verkündet.

1. *Tragen Sie auf einem Plakat wesentliche Debatteregeln des Houses of Commons zusammen.*
2. *Informieren Sie sich anhand der Geschäftsordnung des Deutschen Bundestages (www.bundestag.de) über den Ablauf einer Parlamentsdebatte nach deutschem Recht sowie über die Rechte und Pflichten der Abgeordneten und des Parlamentspräsidenten.*
3. *Fassen Sie das Ergebnis Ihrer Recherche in Form eines Informationsplakates zusammen.*

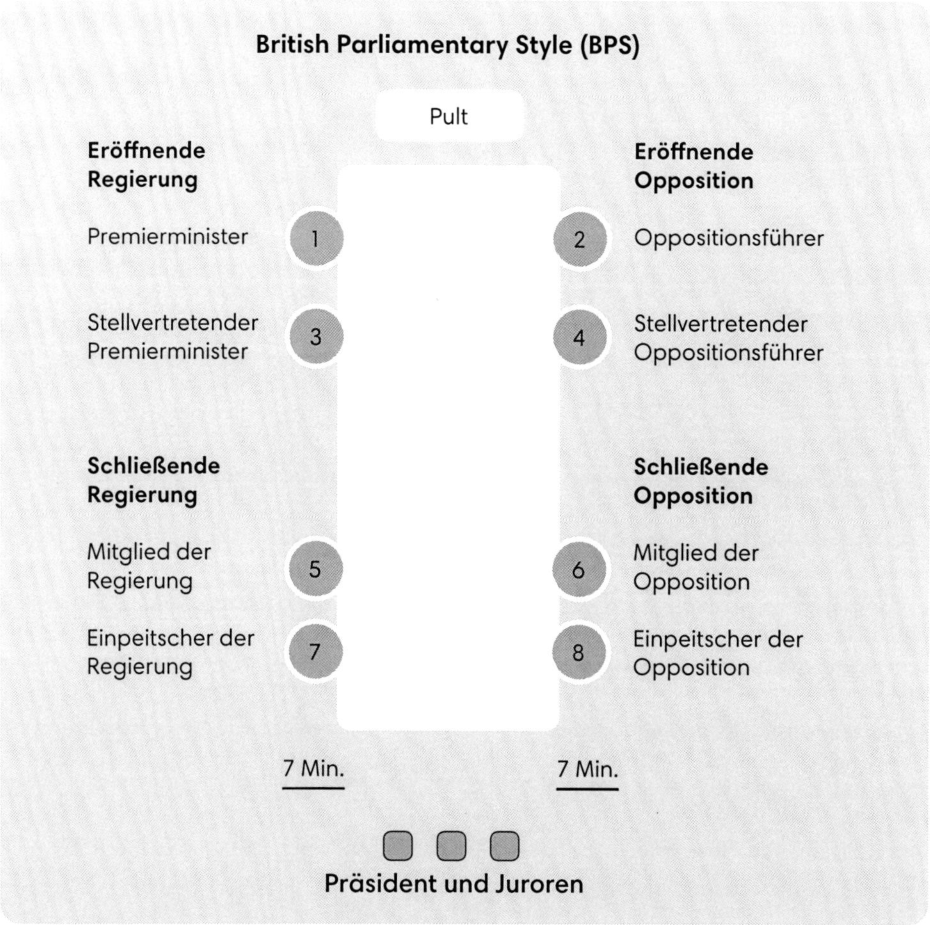

Auf den Regeln des British Parliamentary Style (BPS) basieren viele Debattierwettbewerbe. Eine Debatte im BPS erfordert acht Redner, die in vier Zweierteams agieren. Zwei Teams bilden dabei die Regierungsfraktion, die beiden übrigen vertreten die Opposition. Jedem Team wird eine Position (Regierung oder Opposition) zugelost, sodass niemand davon ausgehen kann, seine eigene Meinung vertreten zu dürfen. Die Vorbereitungszeit nach Bekanntgabe des Themas beträgt 15 Minuten, die Redezeit pro Redner sieben Minuten.

Ablauf einer Debatte nach den Regeln des British Parliamentary Style (BPS)

1. *Vorbereitung der Debatte*
   a. Am Beginn der Debatte steht die Vorstellung beziehungsweise die Verständigung über die Streitfrage, die der Debatte gelegt wird .
   b. Anschließend erfolgt die Aufteilung der Kursgruppe (Regierung, Opposition, Jury)
   c. Nach Bekanntgabe des Themas beginnt die Vorbereitungszeit (15 Minuten), in der sich die vier Teams getrennt auf die Debatte vorbereiten.
   d. Danach fordert der mit Glocke und Stoppuhr ausgerüstete Sprecher der Jury die Redner auf, ihre Plätze einzunehmen.

2. *Reihenfolge der Redner*

   Eröffnende Teams
   a. Erster Redner ist der Premierminister. Er formuliert zum Thema der Debatte einen konkreten Antrag, der fortan im Zentrum der Debatte steht.
   b. Ihm schließt sich die Gegenrede des Oppositionsführers an, der die Ablehnung des Antrages begründet.
   c. Es folgt die Rede des stellvertretenden Premierministers, der auf die Ablehnungsgründe des Oppositionsführers reagiert und die Position der Regierung verdeutlicht.
   d. Der stellvertretende Oppositionsführer reagiert nun seinerseits auf die Rede des stellvertretenden Premierministers, indem er dessen Argumente zu entkräften versucht und den Standpunkt der Opposition erneut mit Argumenten bekräftigt.

   Schließende Teams
   e. In abwechselnder Reihenfolge können nun weitere Mitglieder der Regierung und Opposition zu Wort kommen.
   f. Für alle Redner einer Fraktion gilt dabei die folgende Grundregel: Kein Redner einer Fraktion darf einem Vorredner der gleichen Fraktion inhaltlich widersprechen („Dolchstoß“).

3. *Redezeit*
   a. Jedem Redner stehen sieben Minuten Redezeit zur Verfügung.
   b. Die Redezeit ist unterteilt in die sogenannte „freie“ und „geschützte“ Redezeit.
   c. Nach Ablauf der ersten und nach Ablauf der sechsten Minute der Rede erklingt jeweils ein Glockenschlag. Diese Signale grenzen die geschützte Redezeit zu Beginn und Ende der Rede von der dazwischen liegenden freien Redezeit ab.
   d. Während der freien Redezeit dürfen die Redner der Gegenseite Wortmeldungen anbieten. Dazu erheben sie sich und erklären laut und deutlich, dass

sie eine Wortmeldung anbringen möchten („Zu diesem Punkt", „Zwischenfrage", „Wortmeldung"). Nimmt der Redner am Pult die Wortmeldung an, darf sie vorgetragen werden. Jeder Redner soll ein bis zwei Wortmeldungen annehmen. Die Wortmeldung darf 15 Sekunden nicht überschreiten und muss sich auf den aktuellen Punkt des Redners am Pult beziehen.

e. Nach Ablauf der siebenminütigen Redezeit erklingen zwei Glockenschläge. Die Rede muss dann innerhalb von 15 Sekunden zum Ende gebracht werden.

4. *Ende und Auswertung der Debatte*
   a. Nach Ende der Debatte beraten sich die Juroren einige Minuten über die Leistungen der Redner und Teams.
   b. Danach tragen sie ihre Bewertung vor. Dabei versuchen sie, jedem Redner eine konstruktive Kritik seiner Rede mit auf den Weg zu geben.

---

1. *Vergleichen Sie die Debattierregeln des British Parliamentary Style (BPS) mit den Debatteregeln des Houses of Commons (S. 65). Welche Gemeinsamkeiten und Unterschiede stellen Sie fest? Halten Sie Ihre Ergebnisse in einer Tabelle fest.*
2. *Planen Sie eine Debatte nach den BPS-Regeln zu einer Ihnen wichtig erscheinenden aktuellen Streitfrage der Politik.*
   a. *Verständigen Sie sich zunächst auf eine tragfähige Frage für die Debatte und teilen Sie Ihren Kurs in drei Untergruppen (Regierung, Opposition und Jury).*
   b. *Während die Jury den organisatorischen Rahmen der Debatte vorbereitet, einen Jury-Sprecher benennt sowie Kriterien zur Bewertung der Debattenbeiträge festlegt, bereiten sich die Mitglieder der Regierungs- und Oppositionsfraktion mithilfe der abgedruckten Arbeitshilfen auf die Debatte vor.*
3. *Führen Sie die Debatte durch und diskutieren Sie abschließend den Verlauf sowie die Beurteilungen und Ratschläge der Jury.*

Die Redner der Regierung		
Eröffnendes Team	1. Redner *Premierminister*	1. Konkretisierung des Themas im Antrag: Problemdarstellung, Ursachenbeschreibung, Vorstellen des Regierungsplans, Konsequenzen der Planausführung 2. Ausblick auf die Punkte des stellv. Premiers
	3. Redner *Stellvertretender Premierminister*	1. Untermauern des Standpunktes der Eröffnenden Regierung durch vertiefendes Darstellen der Antragsteile und Einbringen neuer Argumente. Ausblick auf die Punkte des stellvertretenden Premierminsters 2. Eingehen auf Vorredner der Gegenseite in Gegenargumentation.
Schließendes Team	5. Redner *Mitglied der Regierung*	1. Weiterführen der Debatte im Sinne des Regierungsantrags durch Einführung eines gewichtigen neuen Arguments und/oder einer Erweiterung, d. h. eines Unterantrags, der dem Regierungsantrag einen neuen Aspekt hinzufügt und optimalerweise während der Debatte aufgetretene kritische Punkte behebt. 2. Wichtig: Eingehen auf Gegenseite.
	7. Redner *Einpeitscher der Regierung*	1. Zusammenfassen der Debatte aus Regierungssicht durch Wiederholung der Kernthesen und Argumente. 2. Nachdrückliche und leidenschaftliche Werbung für Plan inkl. Erweiterung. Keinesfalls neue Argumente einbringen. 3. Dennoch wichtig: Eingehen auf Vorredner der Gegenseite.

Debattieren nach den Regeln des British Parliamentary Style II

Die Redner der Opposition		
Eröffnendes Team	2. Redner *Oppositionsführer*	1. Darstellung eines grundlegenden Gegenstandpunktes zum Vorschlag der Regierung. Die Gegenposition muss sich nicht gegen das Grundproblem richten, sondern kann auf jeden Teil des Regierungsantrags bezogen sein. Es kann auch ein Oppositionsplan zur Problemlösung vorgeschlagen werden. 2. Ausblick auf Punkte des stellvertretenden Oppositionsführers.
	4. Redner *Stellvertretender Oppositionsführer*	1. Untermauern des Gegenstandpunktes der Eröffnenden Opposition, d. h. vertiefende Darstellung und Einbringen neuer Argumente. 2. Eingehen auf Vorredner der Gegenseite in Gegenargumentation. Weiterführen der Debatte im Sinne des Oppositionsstandpunktes. Durch Einführung eines gewichtigen neuen Arguments und/oder einer Erweiterung, d. h. eines Unterantrags, der dem Oppositionsplan einen neuen Aspekt hinzufügt und optimalerweise während der Debatte aufgetretene kritische Punkte behebt. 3. Wichtig: Eingehen auf Gegenseite.
Schließendes Team	6. Redner *Mitglied der Opposition*	1. Zusammenfassen der Debatte aus Oppositionssicht. Kernthesen und Argumente herausfiltern.
	8. Redner *Einpeitscher der Opposition*	1. Nachdrücklich und leidenschaftlich für Gegenstandpunkt inkl. Erweiterung werben. Keinesfalls neue Argumente einbringen. 2. Dennoch wichtig: Eingehen auf Vorredner der Gegenseite.

4. Disputieren

4.1 Geschichte der Disputation

Geschichte und Ablauf der Disputation

Seit der Zeit Luthers, als die Theologie noch die bestimmende Disziplin an den Universitäten war, mussten Studenten, um den akademischen Grad eines Doktors zu erwerben, ihre wissenschaftlichen Ansichten im Rahmen einer sogenannten Disputation öffentlich vortragen und verteidigen.

Das Verfahren einer Disputation (lat.: *disputatio* / mhd.: *disputazie*, Erörterung, Diskussion) beruht in ihrem Kern auf den logischen Schriften des Philosophen Aristoteles sowie auf der mittelalterlichen Lehrmethode der Scholastik und stellte bis zur Neuzeit die übliche Methode zur Klärung wissenschaftlicher Streitfragen dar. Der Ablauf einer Disputation folgte strengen Regeln: Zunächst wurde im Rahmen der Disputation eine Behauptung untersucht, indem zuerst die für und dann die gegen sie sprechenden Argumente dargelegt werden und schließlich eine Entscheidung über ihre Richtigkeit getroffen und begründet wurde. Behauptungen galten als widerlegt, wenn sie sich als unlogisch oder als Ergebnis einer begrifflichen Unklarheit erwiesen bzw. wenn gezeigt werden konnte, dass sie mit evidenten oder bereits bewiesenen Tatsachen unvereinbar waren.

In Deutschland war die Disputation vor dem Zweiten Weltkrieg nur noch an den theologischen, philosophischen und juristischen Fakultäten üblich und wurde ansonsten durch das sogenannte Kolloquium oder Rigorosum ersetzt.

Im Unterschied zum Rigorosum bezieht sich die heutige Disputation als mündliche Doktorprüfung an vielen Universitäten auf das Thema der Dissertation oder Habilitation. Sie dient der wissenschaftlichen Auseinandersetzung und ist nicht personenbezogen, auch zur Erlangung des akademischen Grades als Master wird heute in einigen Studiengängen eine Disputation verlangt

1. *Stellen Sie in tabellarischer Form dar, welchen Zwecken eine Disputation dient.*
2. *Informieren Sie sich über die universitären Prüfungsformen des Kolloquiums und des Rigorosums und legen Sie dar, inwiefern sich diese Formen des Prüfungsgesprächs von einer traditionellen Disputation unterscheiden.*
3. *Legen Sie dar, worin sich eine Disputation von anderen Formen regelgeleiteten Argumentierens (politische Debatte, Podiumsdiskussion etc.) unterscheidet und weshalb die Disputation als eine besonders anspruchsvolle und schwierige Form der Argumentation gilt.*

4.2 Disputationswettbewerbe

Nicht nur Debatten werden in Turnierformen („Jugend debattiert", „British Parliamentary Style") eingeübt, sondern auch Disputationen. Disputationswettbewerbe stellen streng regelgeleitete Dialoge dar, die auf die Prüfung der argumentativen Tragfähigkeit einer vorgetragenen These ausgerichtet sind. Sie dienen den Disputanten

a. zur Einübung treffender und schlüssiger Argumentationen,
b. der präzisen Analyse vorgetragener Thesen und Definitionen,
c. der Einübung schneller Interaktion,
d. der Übung des strategischen Umgangs mit Fragen und Aussagen sowie
e. dem Vergleich der erworbenen Fähigkeiten im Wettstreit mit anderen.

Disputationswettbewerbe durchlaufen drei Phasen:

a. die Phase der Exposition, in der der sogenannte Proponent seine These vorträgt,
b. die Phase der Examination, während der sein Gegenspieler, der Opponent, versucht, die These des Proponenten zu widerlegen und
c. die Phase der Evaluation, in der die Jury über Sieg oder Niederlage entscheidet.

Der Proponent hat die Disputation verloren, wenn seine These einen unauflösbaren Widerspruch enthält, also paradox ist. Er hat sie auch verloren, wenn seine These nicht paradox, aber adox ist, also auf Voraussetzungen beruht, die nicht als allgemein gültig angesehen werden, sondern als umstritten beziehungsweise abwegig gelten. Der Proponent hat hingegen die Disputation gewonnen, wenn seine These sowohl argumentativ konsistent, also widerspruchsfrei und endox ist, d.h. auf Voraussetzungen beruht, die als allgemein akzeptiert gelten.

1. *Informieren Sie sich auf der Homepage des Vereins „Streitkultur e. V." über die bei Disputationswettbewerben zugrunde gelegten Regeln sowie über Ziele und Aktivitäten des Vereins. Stellen Sie die Ergebnisse Ihrer Recherchen in Kurzreferaten vor.*

Die Homepage des Vereins „Streitkultur e. V." finden Sie unter: http://www.streitkultur.net

4.3 Ablauf einer Disputation

1. *Exposition*

a. Der Proponent entscheidet sich für eine These, die er im Verlauf der Disputation verteidigen muss.
b. Nach einer angemessenen Vorbereitungszeit erläutert der Proponent seine These in einer knappen Rede, indem er die verwendeten Begriffe erklärt und auch eine erste Begründung vorträgt.
c. Der Opponent greift währenddessen nicht in das Geschehen ein, sondern nutzt die Zeit, um seinen Angriff auf die These des Proponenten vorzubereiten.
d. Die Jury bewertet nach Abschluss der Rede des Proponenten dessen These anhand folgender Kriterien:
   - Wie endox oder adox ist die These?
   - Wie klar und eloquent wurde die These vorgetragen?

2. *Examination*

a. Der Opponent hat nun Gelegenheit, die These des Proponenten auf Schlüssigkeit und Endoxität zu prüfen. Allerdings darf er nur geschlossene Fragen stellen, also Fragen, auf die der Proponent lediglich mit „ja" oder „nein" antworten darf.
b. Von dieser Einschränkung gibt es zwei Ausnahmen:
   1. Stellt der Opponent (semantische oder grammatische) unklare Fragen, hat der Proponent das Recht, dies anzumahnen. In diesem Fall antwortet der Proponent mit der Bemerkung „unklar". Die Jury entscheidet dann über diesen Widerspruch und fordert den Opponenten gegebenenfalls auf, seine Frage zu präzisieren.
   2. Die Möglichkeit, eine Frage mit „irrelevant" zu beantworten, kann der Proponent dann nutzen, wenn eine Frage tatsächlich keinen Bezug zur Disputation hat oder lediglich Fachwissen statt der Meinung des Proponenten abgefragt wird.
c. Für alle Fragen, die der Opponent stellt, ist der genaue Wortlaut bindend.
d. Falls der Opponent während der Befragung der Auffassung sein sollte, einen Widerspruch in der Argumentation des Proponenten aufgedeckt zu haben, darf er dies anmelden und den Juroren zur Abstimmung vorlegen. Die Juroren müssen bei der Beurteilung des Vetos zwei Fälle unterscheiden:
   - Nebenwiderspruch:
     Besteht ein Widerspruch zwischen den Antworten des Proponenten, bekommt der Opponent für jeden Widerspruch einen bestimmten Punktwert zugeschrieben.
   - Hauptwiderspruch:
     Besteht ein Widerspruch zwischen einer der gegeben Antworten und der These selbst, gilt die These als verloren und die Disputation wird zugunsten des Opponenten beendet.

3. *Evaluation*

a. Der Opponent erhält kurz Gelegenheit, die drei adoxesten Prämissen den Juroren zur Bewertung vorzulegen.
b. Opponent und Proponent legen dann in einem kurzen Schlagabtausch ihre Positionen abschließend dar.
c. Die Juroren bewerten unabhängig voneinander, für wie adox oder endox sie die vorgelegten Prämissen halten, und zwar unabhängig davon, welchen Stellenwert diese für die Verteidigung der These haben.
d. Für den Fall, dass der Disput nicht aufgrund der Aufdeckung eines Hauptwiderspruchs vorzeitig beendet wurde, entscheidet der Punktestand über den Gesamtsieg.

---

1. *Legen Sie an einem Beispiel dar, warum ein Proponent eine Disputation nur gewinnen kann, wenn die vorgetragene These sowohl widerspruchsfrei, als auch endox ist.*
2. *Formulieren Sie eine zwar nicht paradoxe, aber auf adoxen Voraussetzungen beruhende These zu einem beliebigen Beispiel.*

Prüfung der formalen und inhaltlichen Schlüssigkeit einer Argumentation

Paradoxie

Enthält die Argumentation formal-logische Widersprüche?

Endoxie/Adoxie

Sind die vorgetragenen Behauptungen und Argumente inhaltlich überzeugend (endox) oder inhaltlich nicht überzeugend (adox)?
Eine Disputation gilt immer dann als verloren, wenn sie formal-logische Widersprüche aufweist oder die Behauptungen und Argumente nicht überzeugen können.

---

3. *Planen Sie einen Disputationswettbewerb nach den angeführten Regeln. Ergänzen Sie diese ggf. durch weitere. Einigen Sie sich darauf, mit welchen Punktwerten Sie die Leistungen des Proponenten und des Opponenten beurteilen wollen.*
4. *Führen Sie anschließend die Disputation durch und werten Sie diese gemeinsam anhand folgender Leitfragen aus:*
   a. *Fiel es Ihnen leicht, die Rolle des Proponenten beziehungsweise des Opponenten einzunehmen?*
   b. *Gelang es dem Proponenten, seine These und seine Erläuterungen so zu formulieren, dass diese auf allgemeine Zustimmung stoßen konnten?*

c. *Gelang es dem Opponenten die These des Proponenten auf ihre Schwachstellen hin zu befragen und diese aufzuspüren?*
d. *Ist es dem Opponenten gelungen, den Proponenten zu zwingen, adoxe Voraussetzungen seiner These zugeben zu müssen?*
e. *An welchen Stellen des Dialogs hat der Opponent es durch eine Frage beziehungsweise eine ungeschickte Formulierung versäumt, den Proponenten eines Widerspruchs überführen zu können?*
f. *War das Verhalten von Proponent und Opponent trotz aller Schärfe der Auseinandersetzung durch Fairness, gegenseitigen Respekt, Sachlichkeit und Zielstrebigkeit geprägt?*

Legen Sie Ihrer Disputation möglichst Themen und Thesen zugrunde, die nur in geringem Maße besondere Fachkenntnisse erfordern. Wählen Sie überwiegend Fragestellungen wie die folgenden: „Ist es erlaubt, für einen Freund zu lügen?", „Was spricht für die Abschaffung bzw. Wiedereinführung von Kopfnoten?"

5. Verhandeln

5.1 Formen der Streitschlichtung

Ergebnisse von Verhandlungen
Gewinner – Verlierer
Eine Partei setzt ihre Forderungen vollständig durch, während dies der anderen Partei nicht gelingt oder die Parteien schließen einen Kompromiss, der für eine der beiden Parteien mit einem langfristigen Nachteil einhergeht.

Verlierer – Verlierer
Beide Parteien scheitern, da die Verhandlungen ergebnislos abgebrochen werden, oder schließen einen Kompromiss, der für beide Parteien unbefriedigend.

Gewinner – Gewinner
Beide Parteien finden eine dauerhafte Lösung, die von allen Beteiligten akzeptiert wird.

Konfliktlösungswege
Konflikte zwischen streitenden Parteien sind oft schwierig zu lösen, da Interessengegensätze unüberwindlich erscheinen und die zum Ausdruck gebrachten Standpunkte und Argumente persönliche Forderungen und Meinungen widerspiegeln und mit Emotionen verknüpft sind, sodass eine sachliche Klärung eines Streites nicht gelingt. Schaffen es die Parteien nicht, werden Streitigkeiten von einem außenstehenden Dritten, etwa einem Gericht oder einem Schiedsmann, entschieden.
Grundsätzlich können drei Wege der Streitbeilegung unterschieden werden:

Unparteiischer Dritter
Eine Streitfrage wird entweder durch einen unparteiischen Dritten, etwa einen Richter in einem Zivilprozess oder durch einen Experten oder Gutachter entschieden.

Mediationsverfahren
Mediationsverfahren sind dadurch gekennzeichnet, dass der außenstehende Dritte den Konflikt nicht durch eine von ihm getroffene Entscheidung beilegt, sondern lediglich das Verfahren leitet. Ein solches Mediationsverfahren ist an die Voraussetzung gebunden, dass die streitenden Parteien den Willen haben, ihren Streit selbstständig und einvernehmlich zu lösen. Die streitenden Parteien haben dabei gemein-

sam, dass sie eine Vereinbarung anstreben, die ihren jeweiligen Bedürfnissen und Interessen entspricht.

Direkter Verhandlungsweg
Viele Meinungsverschiedenheiten werden im Alltag auf direktem Verhandlungsweg entschieden. Verlangt zum Beispiel beim Autokauf der Verkäufer einen Preis, den der Käufer nicht zu zahlen bereit ist, beginnt die Preisverhandlung ohne Hilfe eines Dritten. Dabei ist vielfach zu beobachten, dass die Beteiligten auf eine einvernehmliche Kommunikation angewiesen sind, um miteinander ins Geschäft zu kommen. Jedoch ist häufig auch ein strategisches Agieren zu beobachten, um das Verhandlungsergebnis im eigenen Sinne möglichst positiv zu beeinflussen.

1. *Erstellen Sie eine Übersicht aus der hervorgeht, wie sich die im Text vorgestellten Formen der Streitbeilegung voneinander unterscheiden.*
2. *Informieren Sie sich über den Investiturstreit, den färörischen Sprachenstreit sowie über den sogenannten „Budweiser"-Streit: Legen Sie jeweils den Anlass, den Grund, den Verlauf und die Lösung des Streites dar und diskutieren Sie, an welche Bedingungen die Lösung von Streitfragen grundsätzlich geknüpft ist.*
3. *Unter einer Verhandlung wird ein Interessensausgleich streitender Parteien verstanden. Planen Sie eine Verkaufsverhandlung über eine Sache Ihrer Wahl in Form eines Rollenspiels. Bereiten Sie sich auf das Rollenspiel vor, indem Sie in zwei Gruppen („Verkäufer" und „Käufer") Ihr Verhandlungsziel und Ihre Verhandlungstaktik festlegen.*
4. *Führen Sie anschließend das Rollenspiel durch und reflektieren Sie Verlauf und Ergebnis:*
   a. *War das Verhandlungsergebnis für beide Parteien zufriedenstellend?*
   b. *Ist es den Verhandlungspartnern gelungen, einen für beide Seiten tragfähigen Kompromiss auszuhandeln oder wurde eine der beiden Parteien übervorteilt?*
   c. *Rechnen Sie mit Folgeauseinandersetzungen oder sind Sie der Ansicht, dass beide Parteien auch langfristig mit dem Ergebnis zufrieden sein können?*
5. *Legen Sie schriftlich dar, was einen fairen von einem unfairen Verhandlungsstil unterscheidet.*
6. *Diskutieren Sie, ob auch ein Abbruch von Verhandlungen ein sinnvolles Ergebnis sein kann.*

5.2 Wichtige Verhandlungsregeln

Zehn Regeln

1. Hinterfragen Sie immer, ob die von ihrer Partei oder die von der Gegenpartei vorgetragenen Positionen auch den tatsächlichen Interessen entsprechen.
2. Konzentrieren Sie sich auf die Interessen der Beteiligten und nicht auf deren Positionen.
3. Unterscheiden Sie immer zwischen den Menschen und ihren Interessen. Konzentrieren Sie sich im Verhandlungsfall möglichst emotionsfrei auf den Interessensausgleich der Beteiligten.
4. Versuchen Sie immer, sich über Ihre eigenen Interessen klar zu werden und diese möglichst deutlich zu formulieren.
5. Versuchen Sie herauszufinden, ob es trotz aller Gegensätze gemeinsame Interessen gibt.
6. Entwickeln Sie Entscheidungsalternativen, um die bestmögliche Lösung zu erreichen.
7. Unterlassen Sie persönliche Angriffe und setzen Sie Ihre Verhandlungspartner nicht unter Druck. Reagieren Sie auf Angriffe bewusst freundlich und gelassen und lenken Sie das Gespräch wieder auf sachliche Aspekte.
8. Wenn Sie den Eindruck haben, mit Forderungen konfrontiert zu werden, die Sie nicht erfüllen können, akzeptieren Sie diese hypothetisch. Verdeutlichen Sie anschließend Ihrem Gegenüber, warum Sie diese Forderungen aus sachlichen Gründen nicht akzeptieren können.
9. Wenn Sie das Gefühl haben, dass die Verhandlungen zu keinem sinnvollen Ergebnis führen könnten, teilen Sie dies Ihrem Gegenüber mit. Machen Sie gegebenenfalls den Vorschlag, einen neutralen Dritten einzuschalten.
10. Vermeiden Sie „faule" Kompromisse und bereiten Sie sich auf die Verhandlung vor, indem Sie im Vorfeld überlegen, welche Übereinkunft von Ihnen noch akzeptiert und welche nicht mehr akzeptiert werden kann.

---

1. Entwickeln Sie zu den nachfolgenden Situationen weitere Rollenspiele, in denen Interessengegensätze verhandelt werden müssen. Orientieren Sie sich bei der Vorbereitung, Durchführung und Nachbetrachtung Ihrer Rollenspiele an den Verhandlungsregeln.

Streit am Gartenzaun

Umtausch eines defekten Handys

Ziel und Programm der Klassenfahrt

Einführung einer Schuluniform

1. Betrachten Sie die beiden Abbildungen. Legen Sie dar, welche Gemeinsamkeiten und Unterschiede die dargestellten Verhandlungssituationen hinsichtlich der Rolle und Pflichten des Richters oder Moderators und der streitenden Parteien sowie hinsichtlich des Ablaufs und Zieles der Verhandlung aufweisen.

5.3 Ein Mediationsverfahren durchführen

Mediation

Ein Mediationsverfahren dient der Beilegung oder Vermeidung eines Konfliktes mithilfe eines außenstehenden Dritten, des sogenannten Mediators. Seine Aufgabe ist es, die streitenden Parteien bei der Erarbeitung einer eigenen Lösung zu unterstützen. Aus diesem Grund trifft der Mediator in der Streitfrage keine eigene Entscheidung. Er ist zur strikten Neutralität verpflichtet und lediglich für die Durchführung des Verfahrens verantwortlich.

Eine Mediation folgt im Kern folgenden Regeln:

1. Eröffnung der Mediation

Der Mediator informiert die Parteien über den Ablauf und die Zielsetzung des Mediationsverfahrens.

2. Ermittlung der Streitpunkte

Die Parteien bekommen die Gelegenheit, aus ihrer Sicht die Streitpunkte und ihre Anliegen darzulegen. Unter Anleitung des Mediators werden die Streitthemen und Konfliktfelder gesammelt und wird das weitere Vorgehen gemeinsam abgesprochen.

3. Ermittlung der Positionen und Interessen
Nachdem die Parteien entschieden haben, in welcher Reihenfolge die einzelnen Punkte besprochen werden, erhält jede Partei die Gelegenheit, zu jedem der Punkte Stellung zu nehmen. Hierbei legen die Parteien zunächst die eigene Position dar, anschließend werden unterschiedliche sowie gemeinsame Wünsche und Interessen herausgefiltert, um zu sehen, welche Möglichkeiten es gibt, den Konflikt zur Zufriedenheit aller lösen zu können. Außerdem erarbeiten in dieser Phase der Mediation die Parteien gemeinsame Maßstäbe für eine gerechte und sinnvolle Lösung des Streits, mit deren Hilfe über die Qualität vorgeschlagener Lösungen entschieden wird.

4. Erarbeitung von Lösungsvorschlägen
Im Rahmen eines Brainstormings werden alle Lösungsvorschläge unkommentiert gesammelt und anschließend bewertet und verhandelt. Der Mediator achtet darauf, ob die von den Parteien diskutierten Lösungen tatsächlich auch deren Interessen entsprechen und ob die Lösungsvorschläge umgesetzt werden können.

5. Abschlussvereinbarung
Das Mediationsverfahren endet mit einer schriftlichen Niederlegung des Ergebnisses. Das Mediationsprotokoll enthält den Inhalt der Vereinbarungen, Aussagen über das weitere Vorgehen sowie Festlegungen zu Umsetzungsfristen und Vereinbarungen über das Verhalten der Parteien in einem zukünftigen Konfliktfall. Es wird von den Kontrahenten unterschrieben.

---

1. Entwickeln Sie ein Rollenspiel, um im „Budweiser"-Streit im Rahmen eines Mediationsverfahrens zu einer für beide Seiten tragfähigen Lösung zu kommen.

Literatur zum Weiterlesen

» Winfried Böhm; Werner Schiffer: Ethisches Argumentieren. Ethik & Unterricht 1/2006, S. 20–26
» Barbara Brüning: Warum zweifelt Alice an sich selbst? Ethik & Unterricht 3/2000, S. 24–29
» Lewis Carroll: Alice im Wunderland. Reclam, Leipzig 1983
» Lewis Carroll: Alice im Spiegelland. Reclam, Leipzig 1983
» Martin Cohen: 99 moralische Zwickmühlen. Eine unterhaltsame Einführung in die Philosophie des richtigen Handelns. Piper, München/Zürich 2010
» René Descartes: Abhandlungen über die Methode des richtigen Vernunftgebrauchs. Reclam, Stuttgart 1971
» Hans-Ludwig Freese: Abenteuer im Kopf. Beltz, Weinheim 1995
» Stephen Law: Warum die Kreter lügen, wenn sie die Wahrheit sagen und andere Abenteuer der Philosophie. Eichborn, Frankfurt 2004
» Richard Osborne: Philosophie. Eine Bildergeschichte für Einsteiger. Wilhelm Fink, München 1996
» Volker Pfeiffer: Didaktik des Ethikunterrichts. Kohlhammer, Stuttgart 2009, S. 171–231
» Jonas Pfister: Werkzeuge des Philosophierens. Reclam, Stuttgart 2013
» Karl Raimund Popper: Logik der Forschung. Mohr Siebeck, Tübingen 2005
» Fernando Savater: Die Fragen des Lebens. Campus, Frankfurt/New York 2007, S. 67–88
» Donat Schmidt, Julia Dietrich (Hg.): Moralische Urteilsbildung. ZDPE H. 2/2015
» Roland Simon-Schaefer: Kleine Philosophie für Berenike. Reclam, Stuttgart 2006
» Holm Tetens: Philosophisches Argumentieren. Beck, München 2011
» Britta Wegner: Mit Dilemmageschichten moralisch urteilen und argumentieren lernen. Ethik & Unterricht 1/2006, S. 36–39